Wolfgang Klein

.

Warten auf Dracula

Wäre die Erde eine Bank,
dann wäre sie nicht so krank.
Sie wäre schon längst gerettet
wie auf Rosen gebettet.

Sarin in Syrien ist feige, wer fällt noch auf Assad 'rein?
Zäune in Europa, man mauert sich ein.
Lager überall auf der Welt, dachte es ist überholt,
schreckliche Geschichte die sich wiederholt ...

Oh Erde, auf was rast du zu?
Bitte gib mir eine Antwort im Nu!
Denn ich mache mir Sorgen.
Gibt es ein Morgen?

Die Deutsche Bibliothek - CIP Einheitsaufnahme
Ein Titeldatensatz für diese Publikation ist bei
Der Deutschen Bibliothek erhältlich

© 2017 Wolfgang Klein, WHK Verlag Mainz
Herrnweg 23, 55122 Mainz
1. Auflage
Alle Rechte vorbehalten
Karikaturen: Markus Reinheimer
Titelbilder: Traian Olinici, Bernd Esser,
Hildegard Klein: Lektorat und Fotos
Fotos Speerwerfer: Rüdiger Saul
Herstellung: SDV Dresden

Printed in Germany
ISBN 978-3-00-056567-0

Warten auf Dracula

WHK Verlag Mainz
2017

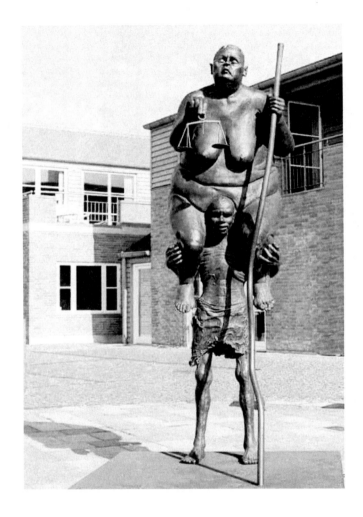

Dieses Werk ist in Dänemark zu bewundern und zeigt wer
in Wirklichkeit die Staatsmacht auf den Schultern trägt.

Rezist*

Einst zog der Bürgermeister Johannis Klaus
'gen Bukarest mit Mann und Maus.
Er wollte von dort aus sein Volk regieren,
wollte ihnen beibringen gute Manieren.

In der bitteren Realität ist er nun angekommen.
Populistische Töne hat er vernommen.
Das ganze Land in Aufruhr,
alles ist völlig aus der Spur.

Ein Schnitt geht quer durchs ganze Land,
entzweit Familien, Generationen – das ist der Stand.
Es gibt einfach zu viele Probleme,
die kriegt man nicht weg mit 'ner Creme.

Man muss dafür kämpfen, darf sich nicht winden,
alle Schwierigkeiten tapfer überwinden.
Das ist leichter gesagt als getan,
im ganzen Land riecht es nach Methan.

Hochexplosiv sind die regierenden Kommunisten
geben sich eher wie die alten Faschisten.
Wollen wieder eine Diktatur installieren,
um in aller Ruhe zu dominieren.

Das Land ist reich an Bodenschätzen,
das kann man nicht genug wertschätzen,
da kann man noch ganz viel verteilen,
meistens der eigenen Tasche zuteilen.

„Jetzt sind wir an dem goldenen Trog,
was kann ich für, dass des Geldes Sog,
in meine eigene Tasche flog?
Ich hab nichts gesehen, wegen dem Smog!"

Euro, Dollar, Yen, sie nehmen alles mit,
denn das hält sie unglaublich fit.
Sie entwickeln kriminelle Energie,
gegen Gesetze eine Allergie.

82 aus der Regierung sind im Knast
sägen an dem eigenen Ast.
Klar, dass sie das nicht wollen
und sich auf die Bahamas trollen.

Bald gehen der Partei die Mitglieder aus,
händeringend suchen sie Leut' aus eigenem Haus.
Darum kann jeder Analphabet Sozialist (PSD) werden,
so kommt auch ein Hirte an die Macht auf Erden.

Der Sozi lebt in Saus und Braus
mit teurem Auto, schöner Braut im neuen Haus.
Das Arschloch hängt den coolen Großkotz raus,
schaltet sein Hirn komplett aus.

Mit Geld von der EU-Gemeinschaft,
bescheißt er die eigene Gesellschaft.
Er protzt, prahlt, strotzt und klaut,
dass es einen glatt umhaut.

Hat Kinder, Yacht und Tennisplatz,
in jeder Stadt ein anderer Schatz.
Die Blagen, eingebildet und arrogant,
bescheißen ihre Umwelt süffisant.

Dieser Nimmersatt ist schlimmer als ein Tier,
wird getrieben von der eigenen Gier.
Ist korrupt und verramscht sogar den Wald,
bei dem Anblick wird einem schlecht und kalt.

Die Misswirtschaft ist überall klar,
es wird kassiert, am liebsten bar!
So stehen die vielen Brücken,
ohne Straßen da, nur mit Lücken.

Das Geld ist leider verschwunden,
in den vielen gierigen Schlünden.
Die kriegen nie genug, werden nicht satt,
nehmen von jedem, der etwas hat.

Doch langsam hat das Volk genug vom Beschiss,
demonstriert täglich, sendet Anschiss auf Anschiss,
an die lupenreinen, roten Populisten,
alles ehemalige, grausame Securisten.

Der Riss durch die Gesellschaft sichtbar,
doch leider nicht für jeden fassbar.
Beide fordern neue Gesetze
jeder für sich betreibt die Hetze.

Die einen wollen Begnadigungs- und Teilamnestie,
die anderen eine vollständige Amnesie.
Strafminderung bei Korruption wird es nicht geben
Sonst würde sich das ganze Volk erheben.

44.000,00 Euro zu kassieren,
und es soll trotzdem nichts passieren?
Das ist den Leuten dann doch zu dreist,
so eine Mentalität geht auf den Geist.

Energie für die Demokratie wird hier gelebt,
nach der europäischen Idee gestrebt.
Die gesamte Mittelschicht ist hier vertreten,
fordert die Regierung auf zurückzutreten.

Die Demos nennen sie Rezist,
der Humor ist ihr treuster Assist!
Die Demonstranten haben Bildung wohl,
die Regierung dagegen ist eher hohl.

Viele wünschen sich Dracula zurück:
„dann hätten wir ja auch mal Glück,
der würde alle Mafiosi aufspießen
und keiner würde 'ne Träne vergießen."

Denn Vlad Ţepes war gerecht,
hat das Land gesäubert, echt!
Doch nicht alle Schmeißfliegen
konnte er damals kriegen.

Sie werden nicht aufzuhalten sein,
bis sie haben alles Gold- und Edelstein.
Wenn's Land ganz ausgepresst ist,
dann erst flüchten sie, wie trist.

Meine Hoffnung ist die junge Generation,
die vollbringt die Sensation.
Auf dem Weg nach Europa
hören sie auf ihren Uropa:

„Wir werden sie besiegen,
wir werden sie alle kriegen,
denn das Recht ist auf unserer Seite
sie alle werden suchen das Weite!"

Ich weiß, ich bin heute ein Pessimist,
denn ich glaube nicht daran! Was schade ist.
Dabei war ich mal ein Optimist gewesen,
doch das Land ist von Diktatur nicht genesen …

*Rezist: Massenproteste gegen die Korruption in Rumänien. Sie
richten sich gegen eine Regierung, die erst ein paar Monate im Amt
ist und die Korruptionsgesetze aufweichen will, da die Hälfte ihrer
Mitglieder davon betroffen sind.

Always on the run...*

Hermannstadt:

„Weißt du", sagte W. zu mir, „versteh mich nicht falsch. Ich mag Hermannstadt. Hier gibt's nichts zu verlieren. Aber eben auch nichts zu gewinnen. Jetzt sitz ich hier mit meinem abgeschlossenen Studium den lieben, langen Tag auf diesem Stuhl in der Sonne rum und verkaufe Bücher an Touristen. Das kann's doch nicht gewesen sein! Ich glaub, ich muss hier wirklich dringend weg."

Mainz:

„Weißt du", sagte C. zu mir, „versteh mich nicht falsch. Ich mag meinen Job. Aber manchmal hab ich das Gefühl, man rennt sein ganzes Leben lang immer nur dem Geld nach und rackert so lange, bis man irgendwann umfällt. Das kann's doch nicht gewesen sein! Manchmal würd' ich gerne einfach meinen Koffer packen und abhauen. Irgendwo in die Sonne. Und da dann den ganzen Tag auf einem Stuhl sitzen und Bücher an Touristen verkaufen. Das würde mir völlig genügen. Ich glaub, ich muss hier wirklich dringend weg."

*Eigentlich braucht man nicht viel, doch was man braucht ist ein Ziel!

Ein Morgen nach der Zeitumstellung

Die Allerbeste:

Hi, ich möchte euch berichten,
dabei kann ich auch was dichten:
Heute morgen, so um fünf,
nur im Schlafanzug und Strümpf,
bin ich aus dem Bett geschnellt,
weil der Wecker hat geschellt.
Das Wachsein fing um drei schon an,
weil ich seit dann nicht schlafen kann.
Das Bad ist kuschelig sanft und warm,
als hält dich jemand fest im Arm.
Die Heizung sehr vor Wärme sprüht,
fast ist das Handtuch drauf verglüht.
Doch dann gab es, und das ist wahr,
nur kalte Dusche für mein Haar.
Erfroren ist mein Kopf und Hirn,
ich bin ganz eisig in der Birn.
Dann setz ich eine Mütze auf
und eilig in die Arbeit lauf,
und hoffe nur am Abend dann,
dass ich mich warm duschen kann.

Antwort vom Ehemann

Der Allerbeste:

Hette, komm schon in die Puschen,
denn du kannst jetzt wieder duschen.
Ich habe den Boiler repariert,
habe den Schaden separiert.
Mit dem Mischer stimmt was nicht,
er tut nicht richtig seine Pflicht.
Ist fast so wie dein Ehemann
sanft, und kuschelig dann und wann.
Schließlich bin ich ein Handwerker,
bei Wiederholung komm ich in den Kerker.
Denn wie sagtest du mit breiter Stirn?
„Erfroren ist dein Kopf und Hirn"
Das will doch keiner hier im Haus,
du bist die Einzige die denkt: Applaus, Applaus!

Ohne dich wären wir schon längst versenkt,
wenn man das Ganze so bedenkt,
deshalb habe ich einen neuen Mischer bestellt.
Wenn er kommt, bezahle ich mit Geld.
Bloß wer wird ihn dann montieren?
Ich kann mit Werkzeugen nicht hantieren.
Wie du weißt habe ich zwei linke Hände,
keine Geduld und kriege Zustände.
Wenn's nicht so klappt, wie ich es will,
wenn ich brüll stehen alle Uhren still.
Also warten wir bis zur nächsten Zeitumstellung,
bis dahin geht zurück deine Schwellung.
Und was deine Haare angeht,
der Termin beim Gregor* steht!

* Frisör, Künstler, Lebemann

Am nächsten Morgen:

Heut schlag ich nicht Alarm,
das Wasser war jetzt warm.
Du hast es echt geschafft,
und das aus eigener Kraft.

Nach 3 Tagen:

Ja, ich weiß, du wirst nicht fragen,
doch ich muss es leider sagen:
Warmes Wasser, Fehlanzeige!
Ja, du möchtest, dass ich schweige.
Doch ihr solltet's beide wissen,
denn ich werde es vermissen.
Wenn es kalt von oben rieselt,
und es auf die Birne nieselt,
warmes Wasser wäre schön,
hoffe, abends wird es gehen.
Muss jetzt schnell zur Arbeit hin,
wo ich richtig emsig bin,
bin ich doch danach zu Haus,
ruh mich in der Wanne aus.
Warmes Wasser um die Glieder
und der Duft nach frischem Flieder.
Werd' ich dankbar an dich denken,
aus der Ferne Lob dir schenken.

Fazit:

Auch nach 39 Jahren Eheleben,
ist nettes Miteinander uns gegeben.
Der Ton ist meistens freundschaftlich
manchmal sogar sehr herzlich.
Das ist nicht die Regel, sind wir ehrlich,
nach so vielen Jahren wird's gefährlich.
Denn da hat sich viel angestaut,
Gutes oder Schlechtes aufgebaut.
Manchmal genügt ein kleiner Funken
und der Richter hat dich 'reingewunken.
So wie in diesem Fall dieses Gerät,
das meiner Frau die Nerven brät.
Sie eisig kalt nur duschen lässt,
die Schönheit ihrer Haare verlässt.
Zum Glück kenne ich gute Handwerker,
wer was falsch macht, kommt in den Kerker!
So kann nichts mehr passieren,
der Installateur kann alles reparieren,
und noch schnell den Termin beim Friseur,
damit mir nicht passiert ein Malheur.

Populisten aller Länder, verpisst euch!

Hab mich bisher aus Politik 'rausgehalten,
doch es ist kaum noch auszuhalten.
Die Dummheit feiert ihren Sieg,
ich befürchte, es gibt wieder Krieg.

Heutzutage ist es schwer, der Dümmste zu sein,
damit kommt man nicht in die Top 5 rein.
Bei den Rechten ist was los
da ist die Dummheit riesengroß.

Der ehemalige Ostblock igelt sich ein,
baut wieder Mauern aus hartem Stein,
um die eigenen Wirtschaftsflüchtlinge zu schützen,
deren Gelder Ihrer Politik nützen.

Ein Trottel ist jetzt an der Macht
ganz unerwartet über Nacht.
Er weiß nicht einmal wovon er spricht,
zahlt auch seine Steuern nicht.

Lügt und betrügt, dass sich die Balken biegen,
der normale Alltag kommt zum Erliegen.
Er streut überall Hass und Gewalt,
mit solchen Idioten wird man nicht alt.

Denn es gibt noch ein paar von dieser Sorte,
Leute, es ist schlimm, mir fehlen die Worte.
Die Richtung ist falsch, eine Schande für die Welt,
ich weiß schon jetzt, warum mir das nicht gefällt.

Diese Pöbel-Populisten leben von der Angst der Leute,
die sie selber schürt, diese feige Meute.
Denn damit macht man gute Geschäfte,
mit jeder Million, entwickelt man Wahnsinnskräfte.

Stumpfe Horden überfallen und morden,
Köpfen, vergewaltigen, bekommen dafür noch Orden.
Sie wollen das Rad der Zeit zurückdrehen,
wollen der Demokratie den Hals umdrehen.

Wie krass ist denn der viele Hass?
Da macht doch alles keinen Spaß.
Die Wirtschaft dirigiert die Welt,
alle sind abhängig von ihrem Geld.

Wie sagte mir neulich ein guter Gast,
die hängen uns alle noch an den Mast.
Ein Diktator ist nur eine Marionette
egal ob in Kirchen oder Minarette.

Der Gast muss es besser wissen,
jahrelang ging's ihm beschissen.
Erdowahn der wollte ihn brechen,
ohne Zunge kann man nicht sprechen.

Er schreibt jetzt böse Kommentare,
handelt mit ganz brisanter Ware.
Bekämpft den Nationalismus,
und den fiesen Terrorismus.

Doch die Lösung ist in weiter Ferne,
auf keinen Fall in der Kaserne.
Denn wie sagte mir ein weiser Mann,
den nächsten Krieg keiner überleben kann.

Orban, Putin, Trump und Erdowahn
denken, dass man das überleben kann.
Dieses Denken über einen Krieg ohne Blut,
das bringt mich täglich in große Wut.

Der Trumpel ist ein normaler Wiesn Säufer,
für seine Protztempel sucht er Käufer.
Verstreut wegen seiner finanziellen Not
jede Menge Müll und Kot.

Der Russe hat ein kleines Problem,
an seinem besten Stück ein feuchtes Ekzem.
Sein ungarischer Kollege, der Victor Orban,
saugt ihm den Eiter mit den Lippen, brrr. oh Mann.

Von dem Sultan rede ich lieber nicht,
der ist nur ein ganz verrückter Wicht,
der nie zu Glanz und Gloria kommen wird,
es sei denn er verkauft Kebab, und wird Wirt.

Was machen eigentlich unsere Politiker?
Glauben das alles nicht und gehen zum Optiker.
können die vielen Probleme nicht mehr verarbeiten,
und nehmen sich täglich mehr Auszeiten.

Der Schluchz Effekt der SPD, hat man gesehen,
ist verpufft, da kann er sich winden & drehen.
Erzählt denselben Scheiß wie alle vor der Wahl,
versteckt sich unter seinem roten Schal.

Und was macht unsere liebe Mutti?
Hat sich beworben bei Tutti Frutti.
Wenn sie diesmal verliert die Wahl,
kommt dann die Weidel? Was für eine Qual!

Diese Partei ist eine große Schande,
das sage ich euch nicht nur am Rande.
Nein, die müssen wir verjagen,
anbinden mit Pech & Schwefel an den Wagen.

Ich liebe die Franzosen* und auch Holland,
Le Pen & Wilders fuhren sie an die Wand!
JA! Sie haben die beiden verhindert,
das ist es, was uns jetzt verbindet.

Leute, rafft euch auf und geht wählen,
wir müssen auf euch alle zählen.
Stellt euch vor, die Rechten regieren Europa,
was sagt dazu der alte Karl, mein Opa:

„Haben die vielen Menschen ihr Leben umsonst gelassen?
Wollt ihr euren Kindern ein Desaster hinterlassen?
Denkt daran, Demokratie ist nicht angeboren,
man muss täglich dafür kämpfen, sonst ist sie verloren!"

* Liberté, Égalité, Le Pen adé

Hexe mit Schuss

Heute geht's mir schlecht,
ich weiß es nicht so recht.
Wie soll ich mich bewegen
soll ich mich setzen oder legen.

Jeder Schritt fällt mir heut' schwer,
Mein Astralkörper, der steht quer,
wo kommen all die Schmerzen her?
Schwer festzustellen ist das, sehr.

Habe gebückt gearbeitet am Tresen,
die Gäste fragten: Wer ist das Wesen?
Konnte mich nicht geradestellen,
stand im Rampenlicht, im hellen.

Du wirst es mir nicht glauben,
musste an meiner Justierung schrauben,
um wie ein Roboter zu funktionieren,
wer wird das jemals honorieren?

Ich komme nicht mehr aus dem Bett,
nein, nein, ich bin nicht zu fett!
Fühle mich eher wie behindert,
was meine Laune noch mehr mindert.

Denn ich habe einen Hexenschuss
Doch mein Auftritt ist ein MUSS!
Zur Heilung brauche ich einen Kuss,
mit Träumen ist jetzt besser Schluss.

Ich liege da im Bett und dichte,
habe Angst wenn ich mich aufrichte.
Dann tut es mir verdammt weh,
vom Kopf bis zu dem kleinen Zeh.

Doch ich beiße tapfer auf die Zähne,
ich hab noch welche, bitte keine Häme!
Muss doch arbeiten am Abend, wenn ich kann,
steh im Löwen wie immer meinen Mann.

Jetzt hör ich auf, mich zu beklagen
ich bin ja kaum noch zu ertragen.
Bis Samstag bin ich wieder fit
wie immer sind wir dann der Hit.

Ich weiß, du willst mich ja nur necken,
du hast Recht, ich sollte abspecken.
Deshalb trinke ich kein Jever mehr,
das Rothaus gibt ja eh mehr her.

Hat auch leichtere Fässer,
ist nur was für gute Esser.
Ich sollte mich mit Gewichthebern messen,
die würden mir aus den Händen fressen.

Wie das Ganze mit einem spielt,
einem die Energie stiehlt,
da hilft nur noch 'ne Spritze vom Doc,
denn auf Schmerzen hab ich keinen Bock.

Deshalb fahr ich schnell zum Dr. Dieter,
„Am besten eine Spritze!", riet er.
Es gab nur einen kurzen Schmerz,
gestochen hat er mit viel Herz.

„Es kann nur besser werden", meinte er,
„morgen wird's noch mal sehr schwer,
aber dann müsste es wieder gehen,
Land über wirst du wiedersehen."

Dann wird alles wieder gut,
kannst wieder dichten mit viel Mut.
Zeigen allen deine große Wut,
bist jetzt schon weiß, wie Eisbär Knut.

Ich leg mich wieder kurz ins Bett,
mach die Schmerzen wieder wett.
Wenn ich aufwache, bin ich gesund,
mein Rücken ist dann nicht mehr wund.

Ich höre besser auf zu dichten,
die Spritze wird die Hexe vernichten.
Dann quält sie mich zum Glück nicht mehr,
alles wird besser, das freut mich sehr.

Die Evolution, sie hat gesiegt,
den aufrechten Gang hab ich gekriegt,
Schleppe aber schon wieder Fässer,
morgen muss ich wieder unters Messer

Pica, pica* – Elster**, du süßer Vogel

* Die Elster ist eine Vogelart aus der Familie der Rabenvögel.
** Elektronische Steuererklärung *ELSTER*

Jede Woche pünktlich mit der Post,
aus dem Briefzentrum Mainz-Ost,
kommt per Postbote ein Brief
mit einem sehr amtlichen Mief.

Ich scheine Brieffreunde zu haben,
an denen kann ich mich nicht laben.
Denn sie verschicken nur Mahnungen,
fordern von mir dringend Zahlungen.

Anfangs dachte ich, sie lieben mich,
doch der Wolfi irrte sich.
Es ist, eine recht schlimme Meute,
die machen eine ganz fette Beute.

„Wegelagerei" scheint sich zu lohnen,
da kann man sicher billiger wohnen.
Es sichert ihnen ein sorgenfreies Leben,
bei mir verursacht es eher Widerstreben.

Denn die pressen aus mir wirklich alles raus,
wie aus einer Olive, mich packt der Graus.
„Bitte zahlen Sie bis zum Monatsende",
wenn ich's so lese, ich packe nicht meine Rente!

Woher denn soviel Geld blechen?
Vater Staat ordnet es mit dem Rechen.
Doch ich bin kein Panzerknacker
ich bin nur ein sehr armer Racker.

Der pro Bier nur einen Cent verdient,
sich an jedem Gast hochdient.
Lasst euch sagen, liebe Leute
ich bin der Diener dieser Meute.

Bin ein armes Würstchen bloß,
früher war ich einmal ganz groß.
Doch ihr habt mich abgezogen,
mit euren vielen Fragebogen.

Hey Leute, ich zahl mich wirklich tot,
dann habt ihr eure liebe Not.
Denn aus dem Grab da zahlt man nix,
doch auch dahin kommen Rechnungen, ganz fix.

Ich hasse meinen Briefträger,
hetze am liebsten auf ihn einen Schläger:
„Wolfi, ich kann nichts dafür,
warum hagelt es Fäuste vor der Tür?"

Recht hat er, er tut nur seinen Job,
es tut mir leid, ich war zu grob.
Doch ich habe keine Geduld mehr,
und setze mich doch nur zur Wehr.

Versuche, ihnen zu entwischen
bis vor Wut sie alle zischen!
Doch egal, wo ich mich verstecke
es kommt immer einer um die Ecke!

Mit 'ner Mahnung in der Tasche,
treibt er mich bis zu der Flasche.
Er zieht alles aus dem Portmonee,
Leute, das tut richtig weh!

Geld für Gift & Strick ist keins vorhanden,
du willst dich verstecken in den Anden.

Doch auch dort finden sie dich
und sperren dich ein, ganz amtlich.

Die Flucht auf den Mond, eine Möglichkeit,
da, gibt's keinen Beamten weit und breit.
Wären die Amis jemals wirklich da gewesen,
wäre das Bankwesen längst genesen.

Denn sie pressen aus das Sediment,
machen ein großes Experiment.
Wie könnte man für Sand Steuern zahlen?
Aber bitte, nur nach den Wahlen.

Denn ein Finanzamt wählt man nicht,
eher wünscht man sich die Gicht.
Wer reich ist und kein kleiner Wicht,
der haut ab, versteckt sich und macht dicht.

Der Wicht geht an den Schalter,
„Mein Gott, das ist doch Walter,
der hilft mir sicher weiter",
denkt man auf einmal ganz heiter.

Doch der Walter denkt gar nicht daran,
„Ich kann dir nicht helfen, Mann!
hier regiert der Computer unerbittlich,
seine Software ist echt unappetitlich."

Elster nennen sie es offiziell,
der Vogel klaute doch richtig schnell.
Seitdem hasse ich auch diesen Vogel.
Seht selber nach und geht auf Googel.

Denn dieses Tierchen ist ein Rabe
und trägt dich sicher bald zu Grabe.
Da steht am Sarg der letzte Mann,
das Finanzamt zeigt uns was es kann!

Das letzte Hemd hat keine Taschen,
der Schäuble tut dich ganz vernaschen.
Auch im Himmel zahlst du noch Steuer,
bekommst vom Staat einen Betreuer.

Zahlen, zahlen übers Ende hinaus,
hoffentlich hab ich's bald raus
wie ich komme in die Hölle,
da gibt's nämlich keine Zölle.

Der Weg dahin ist nicht barrierefrei,
hey, im Rollstuhl schmilzt das Blei.
Schäuble kann dich nicht erwischen,
wird vor Wut ganz sicher zischen!

Mich packt die Wut, ich werd' zur Glut,
verprassen das Geld, mit ganzem Hochmut…
Denn alles und jeden frisst die Steuer,
sie ist das wahre Ungeheuer.

In der neuen Mainzelbahn

Ich fahre mit der Mainzelbahn in Richtung Bretzenheim. Schön, so eine neue Straßenbahn. Es riecht so gut. So neu. So jungfräulich. Leider ist sie keine Jungfrau mehr. Sie ist voll. Voll mit einer Menge neugieriger Menschen. Sie wollen sehen was die Stadtwerke in den letzten zwei Jahren geschafft haben. Jahre voller Staus. Jahre voller Staub. Verlorene Jahre. Jetzt sind sie neugierig.

Sie wollen sehen wo ihr Geld geblieben ist.

Wollen sehen was ihre Entbehrungen gebracht haben. Der Nachteil für mich ist – wir sind beide voll.

Die Straßenbahn und ich. Ich und die Straßenbahn.

Wie sie wollen. Deshalb muss ich mit der Straßenbahn fahren und nicht mit dem Auto. Langsam bereue ich jeden Schnaps den ich getrunken habe, denn ich kann mich kaum rühren. Das Gute dabei: umfallen kann ich nicht. Meine Karte zu entwerten, erweist sich als ein Ding der Unmöglichkeit. Deshalb überlege ich, den Mann vor mir zu bitten, meine Karte zu entwerten. Ich denke, dass diese neuen Straßenbahnen sicherlich kontrolliert werden. Aber wie soll ich es ihm sagen?

„Hey Aldder, steckst du meine Karte in den Schlitz?" Das geht nicht. Ob Höflichkeit etwas bringt in dieser fahrenden Presse? „Würde es Ihnen etwas ausmachen, meine Karte zu entwerten?"

Bei der Feuerwehr macht er Anstalten auszusteigen. Sagen wir es so: Er versucht es! Er will also in Bretzenheim bleiben.

Aha!

Ich habe ihn genau beobachtet. Jetzt kommen vierzig Jahre echte Gastro-Beobachtungsgabe voll zur praktischen Anwendung. Wenigstens etwas. Er hat eine Flasche Champagner dabei, ist elegant gekleidet und riecht gut. Teures Shampoo, Anzug vom Schneider und Issey Miyake oder so 'n teures Parfüm. Er fährt sicher zu einer Frau.

Der Champagner ist auch eine sündhaft teure Markenware. Über 50 Euro die Flasche. Also sieht die Frau sicherlich sehr gut aus. In diesem Kaff kenne ich nur zwei Frauen die gut aussehen: meine Frau und meine Geliebte. Zu meiner Geliebten kann er nicht fahren, da fahre ich gerade hin. Also fährt er zu meiner Frau. Die trinkt sehr gerne Champagner. Teuren Champagner. Den Champagner, den er in der Hand hält. Ja! Genau die Marke. Meine Frau hat zwei Liebhaber. Den Mark und den Thomas. Mit dem einen redet sie gerne mit dem anderen hält sie sich fit. Thomas ist, da bin ich ganz sicher, bis zum Wochenende in Hamburg.

Also frage ich freundlich: „Mark, können Sie mir bitte meine Fahrkarte entwerten? Ich komm nicht an das Gerät heran!" Mark dreht sich erstaunt um: „Entschuldigung. Woher kennen wir uns?"

Fragen stellen die Leute ...

Mainzelbahn

Wisst Ihr was mich wirklich freut?
Hab's beobachtet, grad heut',
die Mainzelbahn ist immer voll,
das finde ich besonderes toll.

Ich muss euch loben: Das habt ihr toll gemacht,
Mainz, die moderne Stadt, wer hätte das gedacht.
Dass sich ein paar Leut' beschweren, find ich krass,
doch es verdirbt mir noch lange nicht den Spass.

Ich fahr mit der Tram nämlich auch ganz gerne,
mit dieser modernen Bahn, weit in die Ferne.
Vom Lerchenberg bis nach Finthen,
sitze ich abwechselnd mal vorne - mal hinten.

Mittlerweile beschwert sich fast Jedermann,
die sind nur noch zufrieden am Ballermann.
Dort wollen sie doch auch nicht schlafen,
egal, sie sind ja nicht im „Heimathafen".

Lasst die ewig Unzufriedenen doch fluchen
und ihr Glück in Wiesbaden suchen,
denn beim Gerich* ist es wie am Dorf,
die stechen dort überall noch nach Torf.

Hurra, tagsüber fahr' ich Mainzelbahn,
abends steh ich im Löwen, am Zapfhahn.
Das war ein Gedicht vom Wolfi Klein
aus dem schönen Gonsenheim.

*Sven Gerich, Bürgermeister von Wiesbaden

Vorlesetag in Mainz

Am bundesweiten Vorlesetag musste ich im Mainzer Dom lesen. Es war eine Schulklasse, bestehend aus 10- und 11-Jährigen aus Mainz. Ich mache das schon seit einigen Jahren und habe großen Spaß an dieser Aufgabe, denn die Kinder sind das beste und dankbarste Publikum. Da ist Stimmung drin. Und was für eine!
So auch dieses Jahr. War einfach toll. Nach einer Stunde war's vorbei und ich musste eine Stunde warten bis zur nächsten Gruppe.
Was tun?
„Herr Klein, wenn Sie schon hier sind, erklären Sie doch den Kindern wie man Schach spielt. Sie warten auf den nächsten Vorleser. Der steckt wohl in einem Stau.
Gesagt, getan.
Ich baute das Elfenbein-Schachspiel auf und legte los.
„Also, Kinder, zuerst zeige ich euch, wie die einzelnen Figuren zu bewegen sind. Wir haben 16 weiße Schachfiguren und 16 schwarze Schachfiguren. Weiß beginnt."

„Moment", unterbricht mich ein dunkler Junge, „ist das immer so? Weiß beginnt?"
„Ja, meistens. Weißer Bauer beginnt..."
„Das finde ich nicht fair. Warum beginnen nicht beide Farben gleichzeitig? Das wäre nur gerecht. Die Schwarzen wurden seit Jahrhunderten verfolgt und ..."
„Na gut. Dann beginnen eben beide auf einmal, es ist ja nur eine Farbe. Lasst uns weitermachen. Also, die wichtigste Figur im Schach ist der König..."
Ein Murmeln geht durch die Gruppe. Ein Mädchen hebt die Hand:
„Meine Mutter erzählte mir, dass die Dame die wichtigste Schachfigur ist."
„Nicht wirklich", entgegne ich so sanft ich kann, *„die*

Dame ist wichtig in der Tat, sie ist die stärkste Figur des Spiels."

Die Runde scheint zufrieden zu sein. Sie nicken. Also fahre ich fort:

„Die Dame ist deshalb so wichtig, weil sie sich wie der Turm und der Läufer bewegen kann…"

„…wie können Sie sagen, dass die Dame sich wie ein Turm bewegt? Ist sie aus Beton? Sie beleidigen damit alle Frauen…"

„…nein, nein, das liegt mir fern. So ist eben das Spiel. Der Turm geht in eine Richtung und der Läufer läuft schief, äh diagonal. Immer diagonal…"

„…wollen Sie behaupten, dass alle Frauen schieflaufen?"

„…äh, natürlich nicht. Diagonal eben!"

Sie beruhigen sich.

„Wie ich vorhin sagte, auch wenn die Dame die stärkste Figur ist, ist der König dennoch wichtiger. Denn wenn du den König verlierst, endet das Spiel und du hast verloren. Seht her, liebe Kinder, das hier ist der König. Er hat ein Kreuz auf der Krone."

„Warum hat er ein Kreuz auf der Krone und keinen Halbmond?"

„Genau. Das ist eine Beleidigung für die anderen Religionen!"

„Oder gar kein Zeichen, schließlich gibt es viele Atheisten heutzutage…"

„Wer ist beleidigt von euch?" Ich schaue mich um. Ein orientalisch aussehender Junge nickt.

„Fühlst du dich beleidigt?", frage ich ihn.

„Was heißt beleidigt?"

„Beleidigt sein, ist, wenn dir" – wie sage ich ihm das am besten? – *„Wenn dir jemand dein Lieblingsspielzeug oder dein Essen wegnimmt und dich dabei …"*

„…Äh? Ich habe kein Spielzeug und kaum zu essen. Ich komme aus Syrien."

Ui, die Sache entgleitet mir. Deshalb ändere ich die Diskussion.

„Also zurück zu den Figuren. Wie gesagt, der König ..."

„Gibt es nur einen König?", fragt mich ein süßer kleiner, blonder Junge.

„Ja. Einen für jede Farbe! Einen schwarzen und einen weißen. Genau wie bei den Damen. Eine weiße und eine schwarze."

„Warum können es nicht zwei weiße Könige und zwei weiße Damen sein?", fragt mich ein Mädchen.

„Das geht nicht!", lehne ich kategorisch ab. Ein enttäuschtes Murren geht durch die Runde.

„Wir finden, das ist nicht fair. Wir wissen, dass es Familien mit zwei Vätern oder zwei Müttern gibt."

„Genau, ich komme auch aus so einer *Patchwork-Familie*", ereifert sich eine kleine Ziege, „das hat in der Tat viele Vorteile."

Ich spüre, wie ich die Geduld verliere.

„Wisst ihr, das Schachspiel wurde im Jahr 500 in Indien erfunden..."

„... da waren die Menschen noch zurückgeblieben und die Frauen hatten keinerlei Rechte ..."

„... es gab noch keine Schwulenpärchen ..."

„... oder Lesben ..."

„Was haben jetzt die gleichgeschlechtlichen Paare mit dem Schach zu tun?"

„Viel. Damals wurde man diskriminiert, heute ist das nicht mehr so. Deshalb sollten sich die Regeln anpassen."

Beifälliges Nicken.

Ich atme tief ein. Ich muss dann eben andere Figuren erklären die nichts mit Sex oder Religion zutun haben. Figuren, die mich nicht in Schwierigkeiten bringen. Hilflos suche ich die Lehrer dieses wilden Haufens. Keiner zu sehen. Wie im Baumarkt. Da ist auch nie jemand, wenn man Hilfe braucht.

„Eine ganz besondere Figur ist das Pferd. Das kann nämlich als einzige Figur über andere Figuren springen. Immer in L-Form."

Ich zeige ihnen die Bewegungen auf dem Brett.

„Das ist ungerecht den anderen Figuren gegenüber. Alle anderen Figuren müssten auch die Erlaubnis bekommen."

„Und warum nur in L-Form und nicht in der Form von jedem Buchstaben vom Alphabet?"

„Darf das Pferd auch in die Höhe springen?"

„Das Pferd darf eben alles aus Tierschutzgründen. Schließlich ist es das einzige Haustier im Schach."

„Ah. Das ist fair. Wir sind für Tierschutz."

Die Meute ist zufrieden. Es leuchtet ihnen ein.

Nur einer nicht. Er scheint unzufrieden.

„Ich finde, es ist nicht fair, die Tiere vor allem im Krieg zu nutzen. Schließlich haben sie keine Schuld wegen der vielen Konflikte zwischen den Menschen."

Hilflos suchen meine Blicke nach den Verantwortlichen dieser Kannibalen. Jetzt weiß ich, wie lange 30 Minuten sein können.

„Dann taufen wir das Pferd einfach in Reiter um. Zufrieden?"

„Auf keinen Fall. Die Reiter quälen die Pferde..."

„... wegen den Sporen..."

„... den Gerten..."

„... sie müssen tanzen lernen..."

„... springen können..."

„... und schnell im Kreis laufen..."

„Genau, und einige ziehen noch Kutschen hinter sich her..."

„Dann nennen wir sie Flieger!"

„Warum Flieger?"

„Weil sie über die anderen fliegen können."

„Ok. Das ist gut so. Das Flugzeug ist in Ordnung."
Bevor die nach dem Flugschein oder der Pilotenvereinigung fragen, mache ich weiter. Ich muss zugeben, ich bin stolz auf mich. Habe aus dem Pferd einen Flieger gemacht. Das schafft keiner in 35 Minuten.

„*Jetzt zeige ich euch noch die einzelnen Bewegungen der Figuren.*"
„Können die auch tanzen?"
„*Ich meinte die Abläufe!*"
„Bauchtanz? Meine Mama..."
„*...Also, dass Pferd, äh der Flieger wirft den schwarzen Läufer raus...*"

„Warum tut er das? Er sollte ein Anti-Aggressivitäts-Programm absolvieren. Was passiert mit dem Läufer...?"
„Die Läufer aus Kenia..."
„***RUHE JETZT!***" Ich habe nun endgültig die Nase voll.
„Sie brauchen das Programm wohl auch!"
„Was passiert mit dem Läufer? Hat er gedopt? Wird er gesperrt?"
„Er darf nicht mehr mitspielen. Er ist raus. Weg..."
„Ist er jetzt ein Flüchtling?"
„*Ja. Genau, ein Flüchtling!*"
Ich kann nicht mehr. Ich will nur noch weg. Selbst ein Läufer sein. Doch ich kann sie nicht alleine lassen. Von den Lehrern weit und breit keine Spur. Dann muss ich halt weitermachen. Was bleibt mir übrig? Am besten mit den Bauern. Die sind beliebt. Kennt man aus dem TV. Da suchen die Frauen.

„Die Bauern", sage ich und hebe einen in die Höhe, „*das sind diese kleinen Figuren. Die stehen immer in der vordersten Reihe...*"
„Genau wie die Milchbauern. Die haben Probleme mit ihren Produkten. „Mein Papa sagt, dass die Milch so verramscht wird, ist ein Skandal."

„Ja. Und das Fleisch ist zu billig..."

„Genug! Hört auf. Es handelt sich bei den Bauern nicht um echte Bauern, sondern um eine Art Soldaten, die auf dem Brett die feindlichen Linien durchbrechen müssen. Wenn sie auf der letzten Linie des Gegners ankommen, können sie die Dame zurückholen. So ist es theoretisch möglich mit neun Bauern neun Damen zurückzuholen."

Der Lärm der nun folgt, ist unbeschreiblich. Die Mädchen randalieren, die Jungs lächeln zufrieden.

„Ein König alleine mit neun Damen?"

„Das geht so nicht."

„Wo bleibt die Gleichberechtigung?"

„Das ist ja Rassismus pur"

„Wir mögen dieses Spiel nicht. Ich werde nie Schach lernen..."

„Elfenbein reduziert den Bestand der afrikanischen Elefanten."

Die Mädels sind entrüstet. Die Jungs grinsen mir zu. Sie sind zufrieden.

„Peace Mann. Du bist korrekt. Geiles Spiel."

Endlich kommen die Lehrer dieser Piranhas.

„So Kinder, wir wollen uns beim Herrn Klein bedanken, dass er so nett war und euch Schach erklärt hat..."

Ein Pfeifkonzert ertönt

„... und freuen uns auf Frau Schneider, die euch jetzt aus dem König der Löwen vorlesen wird."

Ich schaue, dass ich schnell wegkomme. Erleichtert laufe ich Richtung Ausgang, höre noch, wie sie protestieren:

„Warum ist im König der Löwen kein einziger Afrikaner zu finden..."

„Genau, und warum ist Schneewittchen weiß?"

„Und warum schneidet man im Aladin dem Räuber die Hand ab. Das ist doch kriminell..."

Mann, ich bin so froh, dass ich rechtzeitig flüchten konnte. Wie hätten diese Raubtiere wohl ein Schachmatt verkraftet, in dem die weiße Dame geopfert werden müsste. Ich weiß nicht, ob ich das überlebt hätte...

Gerechtigkeit Ade!

Die Berühmtheit mancher Zeitgenossen, sei es nüchtern oder besoffen,
hängt mit der Dummheit ihrer Bewunderer zusammen! Steht das noch offen?
Darüber habe ich mich ja genug aufgeregt, deshalb suche ich ein neues Thema,
die Auswahl ist ja leider riesengroß, egal nach was für einem Schema.

Ich zahle zu viele Steuern,
wo soll ich noch anheuern?
Der Mann im Rollstuhl, der ist Schwabe
kassiert dich ab, frech wie ein Rabe.

Ich will mich eigentlich nicht drücken
auch wenn die Zahlungen mich erdrücken,
aber es soll Fairplay für alle herrschen
und nicht eine Elite uns beherrschen.

Ich zahl es ja gerne, wenn der Staat etwas tut
wenn's nicht der Fall ist, dann packt mich die Wut.
Die meisten Schulen sind kaputt und marode
manchmal hab ich den Eindruck, das hat Methode.

Die Straßen sind voller Löcher, die Brücken brechen
von Fehlplanung und Vetternwirtschaft will keiner sprechen.
Die Politiker und Beamten erhöhen sich dauernd die Bezüge,
dadurch kommt das ganze System aus dem Gefüge.

Keiner regt sich auf oder geht gar auf die Straße,
kaputt, ausgelaugt vom Kapital, ist die deutsche Masse.
Dumm, manipuliert und ungebildet im großen Ganzen
frisst und säuft man lieber, füllt seinen Ranzen.

Billige Lebensmittel sind der große Hit,
halten aber leider nur die Industrie ganz fit.
Die vergiftet uns mit Hilfe von viel Chemie
bringt fast jährlich 'ne neue Epidemie.

Entwickeln keine neuen Medikamente
kassieren lieber nur noch „Alimente".
Denn Wissenschaft ist viel zu teuer,
auch wenn man befreit ist von einer Steuer.

Die großen Konzerne wollen kein Zahlen
die Unternehmen mit den besten Beratern strahlen.
Eine Handvoll Firmen narrt die ganze Welt
begraben uns alle mit ihrem Geld.

Kaufen sich die Politiker nach Belieben
sind überzeugt immer zu siegen.
Jahrelang lief alles nach ihrem Plan,
bei zuviel Druck mimen sie den sterbenden Schwan.

Drohen ständig mit dem Abbau von Arbeitsplätzen,
die meisten Betroffenen können den eigenen Wert nicht schätzen.
Haben Angst und fürchten Konsequenzen, gar Entlassungen,
nehmen in Kauf immer schlechtere Fassungen.

„Wie soll ich diese hohen Lebenskosten bezahlen?
Wer kann sich ein Leben auf der Strasse ausmalen?"
Also schweigt man und schluckt den Alltagsdreck
und schaut am besten vor allem weg.

Hauptsache ist die Kohle stimmt,
egal wie man es mit der Gerechtigkeit nimmt.
Kann man sich noch einige Extras leisten,
wer würde sich da noch zu Protesten erdreisten?

Doch irgendwann aus Gier und Wahn,
wenn man ihr Spiel durchschauen kann,
kommt die Erleuchtung und die große Wut
man explodiert und will der Regierung's Hut.

Doch an die kommt man schwerlich 'ran,
auch wenn man denkt: „Ok. Man kann!"
Sie sind so sicher wie im Tresor einer Bank
versteckt, geheimnisvoll und „schwerkrank."

Denn diese trickreichen Volksvertreter,
sind eigentlich nur ganz fiese Verräter.
Sie kassieren Geld von den vielen Lobbyisten,
man muss im Bundestag dringend ausmisten.

So hat diese Firma mit dem Apfel als Logo,
weltweit keine Steuern bezahlt, nicht mal in Togo.
180 Milliarden Dollar haben sie so gespart,
das finde ich persönlich eine fiese, linke Art.

Auch der Bill hat gefunden seine Oasen
dort wo die Rinder friedlich grasen,
bezahlt er keinen Cent an Steuern
und kann so seine Firma runderneuern.

Auch die Firma mit der blauen Pille
hat gefunden eine Steuerrille,
versuchte neulich sich zu wandeln,
jetzt verarbeitet sie Mandeln.

Mit Tricks versuchen sie Fluchtgeld zu verstecken
das zu finden, dabei kann man verrecken.
Auf den Bermudas und den Kaiman-Inseln,
kann man suchen bis zum Winseln.

Hier was zu finden, man scheitert kläglich
das machen korrupte Gesetze erst möglich.
Es gibt keine Gewinnsteuer oder ähnliche Widerstände,
aber viele Geheimdienste, die untersuchen die Umstände.

Wenn die dann zufällig einen mal erwischen,
ist es kein Problem die Akten neu zu mischen.
Mit einer Horde Beratern und „Empfängern",
kann man das Konzernglück ewig verlängern.

Hauptsache Gewinn und Kohle stimmt
egal welche Richtung das Soziale nimmt.
Deren Profite sind so hoch, dass sie alles ersticken
wir alle konkurrenzunfähig in unser Ende blicken!

Das alles finde ich sehr ungerecht und total fies,
wenn ich darüber nachdenke fühle ich mich mies,
ich möchte bitte all' meine Steuern zurückhaben,
schön säuberlich verbucht unter: Ausgaben!

Von der Liebe auf den ersten Blick und so...

Ich hatte mich verliebt. Ganz unverhofft. Ja, auch einem alten Mann kann das passieren. Warum auch nicht? Schließlich bin ich auch nur aus Fleisch und Blut. Na gut, da ist noch ein wenig Fett, ich geb's ja zu. Aber, wie gesagt: WENIG! Es war Liebe auf den ersten Blick gewesen. Ich hatte sie das erste Mal in der Breiten Straße gesehen und dachte der Blitz schlägt bei mir ein. Mein Körper war wie eine Fackel. Ich war ab diesem Moment ganz heiß auf sie. Alles in meiner Umgebung war total irrelevant, ich vergaß Raum und Zeit. Vollkommene Hilflosigkeit und Lähmung traten an Stelle von Vernunft. Meine Augen wurden wie von Magneten angezogen. Erst nach Stunden, konnte ich mich wieder auf den Alltag konzentrieren. Ein überwältigendes Gefühl erfüllte mich. Ein unbeschreibliches Gefühlschaos erfasste mich. Ich bin völlig verrückt, ich weiß sogar noch das Datum.

Am 3. November 2015, in Mainz-Gonsenheim. Zack Pack, war es um mich geschehen. Mir wurde heiß und kalt, ich musste vom Fahrrad absteigen, denn ich bekam von meiner Umwelt nichts mehr mit. Ich musste mich auf eine Bank setzen, um nicht zu fallen. Den ganzen Tag lang lächelte ich vor mich hin, konnte auch beim Arbeiten an nichts anderes mehr denken. Jeder Tag war erfüllt von ihr. Jedes Mal, wenn ich sie zusammen mit jemand anderem sah, dachte ich mein Herz zerreißt in 1000 Stücke. Liebe auf den ersten Blick gibt es wirklich! Hätte ich nie gedacht. Nach diesem „Bombeneinschlag" versuchte ich sie zu vergessen, doch es gelang mir nicht. Deshalb versuchte ich mit allen Mitteln, sie kennenzulernen. Nach einiger Zeit gelang mir das auch. Endlich. Mein Freund Stefan konnte vermitteln. Wir trafen uns auf seiner Arbeitsstelle. Rein zufällig, natürlich. BAAM, da stand sie. Ich war für Stunden isoliert von der ganzen Außenwelt. Dieses wunderbare, tiefe Gefühl ist verdammt noch mal das Beste, was einem passieren kann. Ich konnte den Blick nicht mehr von ihr lösen und dachte anschließend Tag und Nacht an sie. Ich hatte das Gefühl ihr vertrauen zu können. Ich musste jedes Mal lächeln, wenn ich sie ansah. Ich wusste nicht, woher das kam, wusste nicht, warum es so war. Aber das war mir auch egal, ich kriegte mein Lächeln nicht mehr weg. Es wurde ein Dauergrinsen daraus.

Schmetterlinge im Bauch.

Schmetterlinge mit weichen Knien. Ich weiß, ich weiß. Die Tierchen haben keine Knie. Aber wenn die Viecher in meiner Situation gewesen wären, hätten sie welche bekommen. Denn Tataaaaa: Sie hatte mir ein Treffen versprochen. Ab diesem Moment litt ich unter Schlafstörungen. Ich hatte sie so oft angeschaut, dass mir die Augen tränten. Ich hatte sie so oft angesprochen, dass mein Mund schmerzte. Hatte all' meinen Charme angewandt, sie so oft angelächelt, dass mir der Speichel im Mund zusammenlief. Anscheinend war's effektiv gewesen.

Überwältigend!

Wie sollte ich bloß die Woche bis zum ersten Date überstehen?

Meine Gefühle waren in Wallung, mein Blut kochte. Ich war zittrig und unkonzentriert wie ein Schuljunge. Mein Herz schlug so laut, dass ich Angst hatte, meine Gäste könnten es hören. Ihre Ausstrahlung und ihr ganzes Wesen hatten mich einfach umgehauen! Liebe auf den ersten Blick.

Ja, es gibt sie wirklich.

Ich werde über sie herfallen.

Wir werden unzertrennlich sein!

Doch einen Tag vor dem Treffen kamen die ersten Zweifel.

Nein, diese Liebe gibt es nicht! In der Liebe geht es nur um die inneren Werte. Bei Liebe auf den ersten Blick, ist es nur das Aussehen, die Hülle. *Doch*, es gibt sie, die Liebe auf den ersten Blick, ich sah einmal ein Mädchen und verliebte mich sofort in sie. Ich kannte sie kein bisschen, doch ich liebte sie.

Der große Tag ist gekommen. In dem Moment als ich Mia sehe, passiert es: Die Tür öffnet sich und viele Geigen beginnen zu spielen. Sie schnurrt mich an. Sie ist charmant. Ich kann ihr nicht widerstehen. Sie hat mich fest in ihrer Hand. Ich spüre, wie mein Herz beschleunigt. Es drückt mich in meinen Sessel. Mein Gesicht fährt über Mias Haut, ohne sie auch nur ein einziges Mal mit den Lippen zu berühren. Meine Wanderung hatte auf der rechten Seite begonnen, hat dort den himmlischen Duft eingeatmet, den sie verströmt, um dann ihre Mitte zu suchen, bis ich endlich an Mia's leckerem Hinterteil lande. Von der faszinierenden Schönheit ihres strammen Hinterteils berauscht, hauche ich meinen heißen Atem auf die zarte Haut ihrer zuckersüßen Rundungen. Ich verliere mich in den Tiefen jener Spalte, die schließlich ins Tal der absoluten Weiblichkeit mündet und die ich vorerst nur erahnen und nicht ergründen will. Zu verführerisch ist der Gedanke, mit den Händen das Tal der Lust freizulegen, um dort mit meinem Mund einzutauchen. Meine Barthaare berühren flüchtig Mia's Haut, die daraufhin zusammenzuckt. Etwas mehr Abstand haltend, wandert mein Mund nun von ihrer Hinterseite zu ihren Schenkeln. Tage, Monate, gar Jahre hätte ich damit verbringen können, diese endlosen glatten Schenkel zu bewundern. Besonders die Stelle, an der Mia's Hinterteil in die Oberschenkel mündet, muss von einem Künstler geschaffen worden sein. Makellos.

Ich befehle meinen Händen, sich von der Vollkommenheit ihres Körpers fernzuhalten. Ein ums andere Mal zwinge ich mich, das Lenkrad der Liebe loszulassen. Mia bewegt sich nicht. Ich weiss, dass sie abwartet was nun geschehen würde. Bestimmt ahnt sie, wie schwer es mir fällt, standhaft zu sein. Vielleicht genießt sie gar meine inneren Kämpfe, die ich gegen mich selbst führe? Ein vollkommener Körper. So gleichmäßig. So berauschend. Wie viel Kraft muss ich noch aufbieten, um nicht im Strudel unkontrollierter Geschwindigkeit zu ertrinken? Muss ich mich erst fesseln und knebeln, damit ich widerstehen kann? Würde Mia sich noch schneller bewegen, dann würde sie mich ganz in den Wahnsinn zu treiben, ich würde für nichts mehr garantieren können.

„Mia, führe mich nicht in Versuchung, dich liebkosen und streicheln zu wollen. Verbirg deine zartesten Geheimnisse vor mir und verlasse mich bitte nie! Lass mich von dir träumen. Lass mich diese unendliche Spannung der Versuchung erdulden, die ein Mann nur dann ertragen kann, wenn er wirklich liebt; wobei ich mit Liebe nicht die oberflächliche, körperliche Liebe meine. Ich meine auch nicht jene sterbliche Liebe, die nicht weiterexistiert, wenn die Liebenden nicht mehr sind. Die Liebe die ich fühle ist unsterblich, gewaltig und grausam in einem. Sie quält, verzehrt und sättigt. Sie reißt dir die Seele aus dem Leib. Deshalb, liebe Mia, deshalb will ich dir beweisen, wie ich dich liebe. Ich möchte, dass du lediglich den Hauch meiner Berührungen wahrnimmst.

Mia? Was tust du, Mia?
Tue es nicht! Mia?

Liebste?
Mia? Ich fürchte mich!

Dein Saft ist weg? Was möchtest du mir damit sagen?
Dein zartes, gleichmäßiges Summen ist verschwunden!
Meine Erregung steigt!"

Hinter mir entsteht Unruhe. Die Leute bewundern
dein Hinterteil. Sie versinken im Strahlen
deiner Aura. Ich bete, weil ich Angst habe.
Ich fluche, weil mich deine Stille beunruhigt.
Mia! Bitte sprich mit mir. Bewege dich! Bitte, bitte.
Bei der ersten Bewegung werde ich das Elend dieser
Welt vergessen. Nichts Irdisches wäre noch imstande,
das Überirdische zu unterbinden. Wir sind eine
Einheit. Ein Körper. Kontrolliert statt ekstatisch. Still.
Zärtlich und bittend streichle ich dich. Fordernd und
gebend. Schreiend und schweigend. Ein Höllenspiel
geht hinter mir los. Es ist wie ein Stromschlag.
Der Schweiß unserer Körper lässt ein Meer aus tausend
und einer Nacht entstehen, in dem wir wie Fische beim
Spiel schwimmen. Deine Lippen an meinem Ohr. Meine
Wange an deinem Busen. Unsere Herzen wild schlagend
und pochend. Deshalb dauert es einen Moment
bis ich die Stimmen hinter mir verstehen kann...

„Beweg deine Mia, Opa."

„Dir fehlt doch die Spannung für dieses heiße Gerät.
Die ist doch viel zu modern für dich alten Knacker."
„Hey Mann! Damit kommst du doch gar nicht zurecht."
„Alder, mach Platz, sonst überrollen wir euch."
Ich hörte einfach nicht mehr hin. Irgendwann werden sie
schon mit ihrem Geschrei aufhören. Irgendwann werden
sie uns in Ruhe lassen.

Und dann? Dann?

Dann werde ich mit meiner Mia wieder alleine sein. Ich werde genau da weitermachen, wo ich unterbrechen musste.

„Mia? Hörst du mich?"
„Mia? Ich geb' dir gleich du Spako. Macht, dass ihr wegkommt von hier..."

Ich öffne die Tür und die Geigen verstummen. Sie hat aufgehört zu schnurren. Sie ist nicht mehr nett zu mir. Schon?

Sie hat mich trotzdem fest in ihrer Hand. Ich spüre, wie mein Herz beschleunigt. Mit meiner ganzen Kraft schiebe ich ihr Hinterteil bis vor eine Bäckerei. Meine Rippen krachen unter dem Gewicht, doch ich schiebe weiter. Schließlich liebe ich sie.

„Natürlich dürfen sie und Mia sich bei uns ausruhen und frische Kraft auftanken. Ist ja eh nichts los, wie sie sehen können." Die Bäckerin ist sehr nett. Sie hat in etwa das Gewicht von Mia. Sie versteht mich. Doch ich habe nur Augen für meine Geliebte. Ich mache mir Sorgen. Geht es ihr gut? Ich muss zugeben, sie war feuchter geworden als erwartet. Aber das ist doch gut? Oder war es ihr zu kalt geworden? Warum ist unsere Liebe schon so schnell erkaltet? Warum nur? Ich bestelle eine Menge Getränke. Irgendwann weckt mich die nette Bäckerin aus meinen Sorgen: „Mia ist voll, sie können sie nach Hause fahren. Hier ist ihre Rechnung."

Tatsächlich. Ihre Sprachlosigkeit ist wie weggewischt. Mia reagiert wieder auf mich. Ich bin erleichtert. Sie liebt mich noch. Schweigend fahren wir in Richtung Gonsenheim. Die Bäckerin winkt uns nach. Sie hat uns in ihr großes Herz geschlossen. „Gute Idee, das mit Mia!"

Diese schnurrt mich an. Sie ist wieder nett zu mir. Ich kann ihr nicht widerstehen. Sie hat mich fest in ihrer Hand. Ich spüre wie mein Herz beschleunigt. Es drückt mich in meinen Sessel. Ich spüre wie mir der Schmerz die Luft wegnimmt. „Mia, unsere Liebe nimmt mir die Luft zum Atmen!" brülle ich. Ihr Schweigen irritiert mich. „Warum warst du vorhin so heftig zu mir?" *
Das Leben lässt grüßen! Ich liebe sie trotzdem. Wie ich schon sagte, es war Liebe auf den ersten Blick...

* Das heftige Abenteuer mit der Französin Mia hat mir zwei gebrochene Rippen beschert und eine bleibende Osteochondrose in Segment C6/7.

Neues von der Gesundheitsfront

Heute Morgen schoss der Schmerz,
– nein es war nicht in mein Herz –
mit Karacho in die Knie,
diesen Schmerz vergess ich nie.

Das eine gehorchte mir überhaupt nicht,
beim anderen kam was Neues ans Licht.
Es schlackerte hin und her,
als wollte es einfach nicht mehr,
seinen Dienst tun und funktionieren:
Leute, das geht mir tierisch an die Nieren.
Nein, nein, die sind gesund,
tun es – vor allem nachts - oft kund.

Dann renne ich andauernd aufs Klo,
wenn ich's noch erreiche, bin ich froh.
Das ist wie Leistungssport pur,
gewonnen, wenn ich trocken bin nur.

Denn bei meinem Bierkonsum
erweist sich das letzte Pils als Irrtum.
Es schießt raus wie aus einem Brunnen,
den Druck spüre ich lange noch summen.

So checke ich alle Organe wie ein Pilot
außer den Knien scheint alles im Lot.
Leber, Milz, Drüsen, Darm und Blase,
o.k., o.k., da entwickeln sich manchmal Gase.

Sie sind scheinbar alle kerngesund,
einen schalen Geschmack spür ich nur im Mund.
Denn bei Rücken, Hand und einem Fuß,
sind die Schmerzen wie aus einem Guss.

Hauptsache nur es ist keine Gicht,
denn diese Schmerzen verträgt Mann nicht.
Es fühlt sich an wie eine Geburt,
das jedenfalls sagte mir der Kurt:

„Die Harnsäure stimmt bei mir manchmal nicht,
deshalb habe ich oft Besuch von der Gicht.
Seit damals trink ich nie mehr Bier,
nur noch Wein & Schnaps, sonst werd' ich zum Tier."

Das alles kann ich ja gut verstehen,
meinen Verfall nicht, muss ich gestehen.
Es tun mir Körperteile weh,
die ich sonst nie im Leben seh'.
Ich wusste gar nicht, dass sie existieren
und nach mehr Aufmerksamkeit gieren.

Jetzt weiß ich es von Tag zu Tag besser,
diese Organe sind alles Erpresser.
Denn sie vergessen keine Sünde,
holen sich jetzt ab ihre Pfründe.

Deshalb Leute, hört auf meinen Rat,
achtet auf euch, beweist Rückgrat.
Jedes Organ hat'n Alarm, denkt daran,
den es bei Bedarf stets zünden kann.

Lebt langsam, lebt bedächtig,
sonst macht ihr euch verdächtig.
Dann geht es euch wie mir heute Morgen,
kaum stand ich auf, schon hatte ich Sorgen.

Feiertagsreisen

Zu Pfingsten waren wir mit Air Ryan
in Velez Malaga, Andalusien, in Spain.
Ein paar Tage in der Sonne geschmort,
und in meiner kaputten Nase gebohrt.

Dazu gab's guten spanischen Wein satt
ich muss zugeben, morgens war ich etwas platt.
Rot oder weiß. Es gab aber auch Feuerwasser
fast wie zu Haus', doch um vieles krasser.

Hatten in der Sierra de Tejeda, am See gebucht
trotz Google Maps haben wir länger gesucht.
Paul, unser Vermieter war verschwunden
hatte sich dem Netz und uns entwunden.

Wir warteten am schönen Swimming Pool
für meine Glatze war's die Stunde Null.
Die Sonne brannte mir Blasen rein
und das im schönsten Orangenhain.

In Andalusien hat's seit Jahren nicht geregnet
obwohl die Felder vom Pfarrer gesegnet.
Die Sahara lässt grüßen, alles voller Sand,
das Wetter fährt die ganze Gegend an die „Wand".

Das Leben ist schwer, heiß wie in der Hölle
die Armut groß, bald versiegt die letzte Quelle.
Hier schlug die Nachricht wie ne Bombe ein
wir fragten uns alle: „Kann das wirklich sein?"

Leider wahr: Trump kündigte den Paris-Vertrag*
nach so vielen Verhandlungen kein Ertrag.
Jetzt wird's also noch schlimmer, alles versandet
die Verträge sind wie ein Schiff gestrandet.

Die Sonne grillt die ganze Region
zur Änderung hilft keine Argumentation.
Es ist so heiß, die Luft grillt
es werden Tiere und Pflanzen gekillt.

Scheinbar interessiert es die Eingeborenen nicht
ich weiß es nicht, weil keiner mit mir spricht.
Sie sind zu beschäftigt mit sich Selber
brauchen scheinbar keine Hilfe, nur Gelder.

Die EU buttert hier Milliarden 'rein
das scheint ihnen zu reichen, na fein.
Irgendwie stört es nur mich
sie sind stolz laut und im Reinen mit sich.

Alt und Jung gemischt auf allen Gassen
„schreien" sich an, treten auf in Massen.
Baden ihr Essen in flüssigem Fett.
Machen's mit der Bewegungs-App wett'.

Die Hälfte ist dick und schwabbelt
die andere schön, tätowiert und krabbelt,
überall durch Berg und Tal
mit einem Gerät ihrer Wahl.

Ob sie sind stolz oder arrogant
das ist mir leider nicht bekannt.
Sicher ist: Spanier sind so laut!
Es manchen aus den Latschen haut.

* Ende 2015 wurde das Paris-Protokoll beschlossen, Klimavertrag
zugunsten der Erde

Laut ist gut für meinen Tinnitus
hier wird geheilt, fahrt hin, schönen Gruß.
Was passiert mit der „Englischen Kolonie"?
nach deren Brexit, irgendwie 'ne Ironie!

Die Engländer haben halb Iberien aufgekauft,
wurden von der Königin an Spanien verkauft?
Brauchen jetzt ein Visum fürs eigene Haus,
bezahlt in Pfund, in geheimer Mission, im Voraus.

Wie sagte ein Engländer am Nebentisch?
„Ich hab so Heimweh, ich könnt' flennen.
Brexit? Ach was, das wird hier noch heißer,
dieser Trump, der ist ein großer Scheißer!"

Künstlerausflug zu Ende

Das Leben eines Künstlers ist hart.
Deshalb beendete ich schnell diesen Part
und kehrte in die Gastronomie zurück,
da weiß ich genau, was mich erdrückt.

Es sind weniger die Empfindlichkeiten
als eher die Eigenarten,
der diversen Kunstsparten,
auf jeden Scheck muss man lange warten.

Davon kann man nicht gut leben,
bekommt von den Eltern keinen Segen,
sie lassen dich stehn im Regen,
jede Rechnung kommt ungelegen.

Das ist so, auch in meiner Branche,
doch da hat man eine winzige Chance.
Die meisten Talente fristen ein tristes Dasein,
haben meistens viele Schulden am Bein.

Oft ist es eine brotlose Kunst,
man buhlt um die öffentliche Gunst.
Denn die vergeben Aufträge,
verteilen Süßes oder Schläge.

Eine Schande für die Gesellschaft,
da es der Künstler kaum schafft.
Ob er schreibt, malt oder musiziert,
schnell wird er vom Leben massakriert.

Das ist gut für meine Kneipe,
denn bei mir arbeitet 'ne nette Meute.
Musiker, Schauspieler und Maler,
verdienen sich bei mir ihre Taler,
sind gezwungen, fleißig zu sein,

arbeiten gern beim Wolfi Klein,
denn ich verstehe ihre Situationen,
kenne jede ihrer Lebensstationen.

War ja auch so ein Lebenskünstler.
Hab mein Glück versucht von Mainz bis Münster.
Hab es gerade so geschafft,
doch manchmal hat's mich doch gerafft.

Was wäre das Leben ohne Kunst?
Eine Wäscherei ohne Dunst?
Es würde sicher etwas fehlen,
die Leere im Alltag uns quälen.
Wenn es einer dann doch gepackt hat,
wurde dadurch berühmt und satt.
Begann ein Leben in Saus & Braus
ist meistens die Landung ein Graus.

Erscheint in Zeitung, Funk und Fernsehen,
kann abzahlen sein Darlehen,
verdient endlich Geld zum Überleben
und ist ganz schnell am Abheben.

Versucht die Berühmtheit zu halten,
sein Leben anpassen und so zu gestalten,
das man es tut allen recht.
Ob seine Seele dabei bleibt echt?

Sonst wird man schnell 'ne Medienhure
landet in der Haute Couture.
Wandert von Talkshow zu Talkshow,
beobachtet sein Auftreten mit einem: Wow!

Künstler sind cholerisch, stolz und empfindsam,
meistens auch sehr bildwirksam.
Spielen Theater auch im Privatleben,
benehmen sich manchmal echt daneben.

Das macht sie mir sehr sympathisch,
denn auch mein Leben ist dramatisch.
Wie das eines Künstlers eben,
jede Entscheidung ein kleines Erdbeben.

László Nagy im Frankfurter Hof, 18.4.2017

Die Mikrowelle

Ich hörte im Radio, dass wir heute feiern müssen,
ein Gerät, oh Leute, ich könnt' euch küssen,
bäng, bäng, es ist mein Lieblingsgerät,
das schnell kocht und manchmal auch brät.

Schiebt man rein 'ne Frikadelle,
oder gar 'ne ganze Sardelle,
wem's nicht schmeckt, der nehme Forelle
ja genau, Leute: es ist die Mikrowelle.

Siebzig Jahre alt ist sie geworden,
von mir bekommt sie einen Orden.
Denn sie hilft gegen knurrenden Magen,
sorgt für wohlig-warmes Behagen.

Mit dem Gerät kann jeder kochen
Suppe, Nudeln oder Rochen.
Generationen haben sich erwärmt
vom Mittagessen sehr geschwärmt.

Egal ob Singles oder Schlüssel-Kinder
Amerikaner, Afrikaner oder Inder.
Überall kam sie sofort gut an,
egal ob bei Frau oder bei Mann.

Heute feiern wir mit einem Gericht,
das wahrlich alle Rekorde bricht.
Das Essen bleibt kalt, der Teller heiß,
Leute, was ist das für ein Scheiß?

Das kann nur dieses Gerät euch bieten,
auch wenn mancher mag, es umnieten.
Macht „bing" Musik, wer kennt es nicht,
von innen scheint sogar ein Licht.

Wenn die Mikro raucht und stinkt,
dann schaut man rein, der Appetit sinkt.
Wer da sagt es sei gefährlich,
der ist ein Angsthase ganz ehrlich!

Die lachende Mikrowelle :-) gefunden auf www.lachschon.de

Die Rikscha

Daiana, mein kleiner Fahrrad-Blitz
jedes Mal, wenn ich dich sehe, lachst du verschmitzt.
Strampelst auf deiner Rikscha dich ab,
ziehst tief ins Gesicht deine Kapp.

Denn der Wind zieht dir ins Gesicht,
deine Fahrgäste stören mit ihrem Gewicht.
Deshalb hast du einen Motor montiert,
hast dich wegen der Hilfe nicht geniert.

Fahrrad fahren nützt ja der Natur,
ist gesund, abgasfrei und Sport pur.
Deshalb fahre ich ja gern mit dir,
seit damals geht es viel besser, mir...

Du die Arbeit - ich sitz gemütlich,
Zieh' an der Zigarette, ganz genüsslich.
Wenn wir dann sind am Ziel,
gehe ich erwartungsvoll zum 05er Spiel.

Doch nach dieser Saison werde ich passen,
und dich andere Kunden fahren lassen.
Ich habe genug von den faden Marionetten,
die spielen so, wie junge Kadetten.

Holen sich nur das Gehalt,
vergessen aber, wer das zahlt.
Fußball war mal ein gutes Spiel,
von München bis nach Kiel,
doch SKY hat's kaputt gesendet
und die Spiele sind dabei „verendet".

Jetzt fahre ich nur noch Tour de France
mit dir als Pilot, immer in Trance...

3SAT Festival

Im September, lasst euch sagen,
in diesen kulturellen Tagen,
kommt für jeden eine neue Zeit,
keine Langweile, weit und breit!

Die Sendung hat auf mich viel Einfluss,
dafür schick ich ihr 'nen Kuss.
Jährlich Mitte September im Zelt
verdient der Sender viel, viel Geld.

Beim 3SAT Festival, meist nur für Mitglieder,
trafen wir viele Freunde, immer wieder.
Um Mitternacht musste man schnell sein,
buchen im Internet sich zügig rein.

Ansonsten gab es keine Karten
und man machte dann den Harten,
vor der Tür, mit langer Nase
in einer depressiven Phase.

Denn das Programm ist immer Klasse.
Da geht man gerne in Vorkasse,
um die besten Kabarettisten zu sehen
danach zufrieden nach Hause zu gehen!

Leute, wie war das immer toll.
Trotz Zelt, immer klangvoll.
Hohes Niveau, gute Macher,
jeder für sich ein echter Kracher.

Schön mit Pispers und Konsorten,
diese Kämpfer mit den Worten.
Analysieren die Lage der Nation,
beweisen dabei eine gute Kondition.

Hermannstadt statt 3SAT

Einst flogen wir nach Hermannstadt,
waren nach fünf Tagen ganz schön matt.
Denn viel hatten wir zu sehen,
mussten täglich viele Kilometer gehen.

Im September Mainz Mainz verlassen,
das Festival mal sausen lassen,
ein ganzes Jahr hat's mir gefehlt,
meine Laune war verquält.

Trotz allem eine schöne Zeit, die leider schnell vergangen
für' s nächste Mal steigert sich das Verlangen.
Wir fliegen sicher wieder hin,
denn es ist für alle ein Gewinn.

Stadt und Leute, die sind nett,
gehen sehr spät ins Bett.
Feiern alle viel und gerne,
gucken träumend in die Sterne …

Bis dahin kann ich nur sagen,
ihr sollt euch nicht beklagen.
Denn die Zeit vergeht sehr schnell,
bald ist's am Horizont schon hell.

Und auch ohne Kabarett,
war es wirklich sehr, sehr nett.
Stellt euch vor, man konnte sogar tanzen,
es war eine schöne Reise im großen Ganzen.

Im Haus und auf der Gass'
gefeiert wird zum Spaß,
mit dem guten Ursus Bier,
das gibt's auch im Löwen, hier.

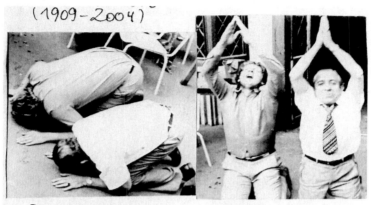

(1909-2004)

Johannisnacht 1973 mit dem Professor für Gestikologie Hans Mink —

Ihrer Zeit weit voraus waren die beiden 'Speerwerfer' Rüdiger Saul und Hans Mink, als sie 1973 Allah um gutes Wetter für Johannisnacht anflehten!

Der Speerwerfer

Es gab einmal in der Frühschoppenzeit,
einen kleinen Mann, der kam von ganz weit.
Ins Quartier Mayence hinein kam er,
trug an seinem Sportgerät ganz schwer.

Denn dieser Athlet trug einen Speer,
diesen liebte er wohl sehr.
Er gab ihn selten aus der Hand,
packte ihn aus, stellte ihn an die Wand.

Bis er an die Reihe kam,
soff er sich einen Schwips an.
Dabei parlierte er mit den Franzosen,
sang Puccini und machte Posen.

Manchmal sang er auch ganz schwer
„Wenn ich ein Vöglein wär'!"
Denn das Fliegen hatte es ihm angetan,
davon war er ein richtiger Fan.

Denn, dieses echte Meenzer Original
kämpfte sich bis ins Final'.
Hans Mink war der wahre Weltmeister
brauchte dafür aber viele Jägermeister.

Hans der Professor für Gestologie
vergaß seine Versuche nie.
Wurde er doch mit seinem imaginären Wurf
für die Frühschoppengäste zum Entwurf.

Mitten im Solo einer Band
nahm er seinen Speer von der Wand,
zog seinen Rock aus, nahm zwei Schritte Anlauf
und unter Applaus der Gäste haute er drauf.

Dann sah er dem Speer nach,
drehte sich um und sagte: „Ach!
Heute nur 102,82 Meter weit,
ich bin ja nicht ganz gescheit."

Die Band spielte weiter,
alle applaudierten heiter,
doch er soff noch schnell als Trost
ein paar Schorle und sagte Prost.

Nächsten Sonntag komm ich wieder
und mach meinen Rekord von heute nieder.
Denn dann hol ich mehr Anlauf
und beende endlich diesen Wettlauf.

Dann zog das Altstadt-Unikum von dannen,
ging nach Hause um auszuspannen.
Nach soviel Sport, da war er müde,
aber ganz und gar nicht prüde.

Dem „Mainzelmännchen" wurde gekündigt,
denn er hatte zu oft gesündigt.
Das Arbeitsamt, sein Arbeitgeber,
hatte genug, wohl auch seine Leber!

Doch er zog vor's Arbeitsgericht,
sein Gesicht verlieren, wollt er nicht.
Da fragte ihn der Richter:
„Warum sind sie ein Trinker?

Hans sah ihn an und fing an zu winken:
„Herr Richter, bitte nicht schimpfen,
Nein, Herr Rat, ich tue freiwillig trinken!"

Er wurde vom Richter freigesprochen,
doch trotzdem entlassen nach Wochen.
Wurde vorzeitig in Rente geschickt,
warf den Speer und behielt den Tick.

Huhu lieber Herr Wein

Jemand hat mich im Löwen angerufen.
ich soll beim Weingut zurückrufen.
Ich soll ihren Wein verkaufen,
darf angeblich nur noch den „saufen".

Es ist zum Haare raufen,
mein Kopf tut jetzt noch rauchen.
Denn ich weiß den werten Namen nicht,
komm ich jetzt vor Gericht?

Wasem, Wagner, Willersinn
W-von Wein kommt mir in den Sinn.
Alle eng beisammen in der Region,
produzieren Mengen, wie für ‘ne Legion.

Diesen müssen sie nun auch verkaufen,
können die „Brühe" nicht selber saufen.
Deshalb rufen sie an und schnaufen:
„Willst du viel Wein von mir kaufen?"

„Es ist echt gute Qualität,
wichtig ist auch die Quantität.
Denn alle müssen wir überleben,
nach Geld & Reichtum streben."

Hu, meine Leber bedankt sich sehr,
mein Arzt misst mir die Werte nicht mehr,
denn er trinkt nur Pils vom Fass
und macht sich mit Wein nicht nass.

Am besten komm ich mal vorbei,
trink einen Wein und ess' ein Ei.
Dann können wir über alles reden,
können neue Pläne weben.

Wie wäre es mit dem 6. April?
Aber nur, wenn mein Auto anspringen will.
Ich gebe mich schon zu erkennen,
werde bei Bedarf auch meinen Namen nennen.

Ich bin der Wolfi aus Gonsenheim
der aus dem Löwen, der Klein.

Huhu zurück,

der jemand der war ich,
sitz nun vorm PC an meinem Tisch.
Würd` gern unsern Wein verkaufen,
darf leider im Dienst nicht saufen.
Am 6. April wär `ne gute Zeit,
im Weingut bei de `WASEM´s Leit`...

Der schlaue Edgar

„Haha. Ich muss ja hochintelligent sein. Schau mal, Wolfi, was die herausgefunden haben; laut einer Studie * der University of Minnesota sind Menschen die lange wach bleiben, besonders intelligent. Leider sind sie auch unordentlich und fluchen viel." Er lacht und flucht vor sich hin. „Verdammt. Mann. Wolfi. Das stimmt alles. Hey Wolfi ich bin schlau!"
Er lacht mich an.
„Du musst ja auch ein kleiner Einstein sein, bei deiner Lebensweise."
Sein Name ist Edgar. Er spricht laut, ist klein und wirkt zerbrechlich. Besonderes heute Abend. Irgendwie hat er sich verändert.
„Mir wurde als Kind gesagt, ich soll nicht fluchen, immer mein Zimmer aufräumen und früh ins Bett gehen. Das hat mich immer genervt und es gab dauernd Ärger mit meiner Mutter. Und jetzt sagt mir so ein Professor, dass es möglicherweise ein Zeichen dafür ist, dass ich besonders intelligent bin? Wenn sie das noch erleben könnte. Verdammt noch mal, sie wäre stolz auf mich!"

In der Tat, den Mythos, dass Fluchen etwas für ungebildete Menschen sei, gibt es schon lange. Die Studie aus den USA ging diesem Gerücht wissenschaftlich auf den Grund. Die Forscher fanden heraus, dass Menschen, die innerhalb von einer Minute die meisten Schimpfwörter nennen konnten, in Intelligenztests auch besser abschnitten. Die Amerikaner kamen also zu dem Schluss, dass ein „reiches Vokabular an Schimpfwörtern ein Zeichen für gesunde verbale Fähigkeiten" sei, und nicht der Versuch, verbale Defizite zu vertuschen.

„Die gleichen Wissenschaftler haben auch herausgefunden, dass Menschen, die nachts länger wach bleiben, die intelligenteren Menschen sind. Wolfi? Was sagst du dazu?"
„Was soll ich dazu sagen? Die spinnen diese Wissenschaftler. Wenn ich um vier Uhr morgens ins Bett wanke, habe ich den IQ von *Stephen Hawking* und wenn ich aufwache, den von Donald Trump. Wer braucht da noch Schlaf?"

„Du bleibst also lange wach und fluchst andauernd. Neigst du auch zu Unordnung?

„Natürlich!"

„Dann muss ich dich beglückwünschen, denn dann bist du laut dieser Studie ein Genie. Hier steht es schwarz auf weiß: Wer sich nicht damit beschäftigt, Ordnung zu halten, der hat offensichtlich größere Dinge im Kopf."

„Du siehst gar nicht gut aus", sage ich um das Thema zu wechseln. Die anderen Gäste im Löwen waren ganz irritiert vom Thema am Tresen und sahen unruhig zu uns. „Wie ist denn dein Abend gestern ausgegangen? Das war doch eine schöne Frau, die du da abgeschleppt hast."

Er war uns am Abend vorher aufgefallen, als er nach vier Stunden intensiven Baggerns, acht Wodka-Lemon, einer Flasche Sekt, zwei Cola, vier Jägermeistern und noch einigem mehr mit einer sehr hübschen Dame verschwunden war. Leider hatte er zuviel getrunken und traute sich nicht mit der Dame in die Kiste zu steigen. Oder hatte einfach keine Lust dazu. „Wer weiß das so genau. Angeblich war sie müde. Sie wollte nach Hause in ihr Bett. Allein. Verdammte Schlampe. Habe sie den ganzen Abend angebaggert, und dann das..."

Als wahrer Kavalier hatte Edgar die Dame zur Haltestelle begleitet und sie hatten zusammen auf die Straßenbahn gewartet. Um die Wartezeit zu überbrücken, tranken sie noch ein paar Jägermeister am Kiosk. Deshalb wohl verwechselte er seine Bahn. Besser gesagt die Richtung. Er fuhr in die falsche Richtung und wachte erst an der Endhaltestelle auf, leider am anderen Ende der Stadt und weit weg von seinem Bett auf. Weil sich der Fahrer weigerte, mit dem betrunkenen Edgar in der Straßenbahn seine verdiente Pause zu verbringen, musste dieser mit einem Taxi nach Hause fahren. Da er von dem Jägermeister inzwischen Hunger bekommen hatte, fuhr er mit dem Taxi noch beim McDrive in Mombach vorbei und kaufte sich etwas zu essen:

„Ich konnte mich nicht entschließen, was ich essen wollte. Deshalb habe ich mir zwei Juniortüten gekauft. Wegen der Spielsachen."

Irgendwie hat er sich wirklich verändert seit gestern dachte ich noch, während ich ihm weiter zuhörte.

So fuhr er mit zwei riesigen Papiertüten nach Hause. Dort angekommen, kramte er sein letztes Geld zusammen und bezahlte das Taxi. Leider fand Edgar seinen Schlüssel nicht und stand nun einsam und schwankend mit den zwei Tüten vor der Haustür. Er rief seinen Bruder an und bat ihn, ihm die Tür aufzuschließen. Blöderweise war der gerade in Köln, also ein paar hundert Kilometer weit weg.

„Was sollte ich machen? Also habe ich die beiden Tüten irgendwo im Garten abgestellt, bin über den Zaun geklettert und über den Kastanienbaum auf den Balkon

gestiegen. Das hatte ich immer als Kind so gemacht. Aber das ist schon lange her. Verdammt lang her!"
„Das heißt heutzutage Saufpilates, früher Baumklettern!" Ich war stolz auf mein Insiderwissen.
Er schaffte es auch irgendwie heil durch die Balkontür ins Schlafzimmer einzusteigen, fand sein Bett und legte sich schlafen.
Als er am nächsten Morgen seine roten Äuglein aufschlug, lag er nass geschwitzt in einem völlig zerwühlten Bett.
„Komisch, wann hat meine Mutter das Bett neu bezogen? dachte ich."
Er sah mich völlig verwirrt an.
Er hat sich wirklich verändert seit gestern, dachte ich. *Aber wie und wo?*
„Ich und mein Kater lagen da in einem kitschigen Himmelbett und ich versuchte mich zu erinnern, wie ich hier gelandet war. Vorsichtig tastete ich meinen Körper ab. Es roch zwar streng, aber es war alles noch da. Ich konnte mich an nichts mehr erinnern. Wolfi, ich hatte keine Ahnung wo ich war. Ich kam mir total leer vor. Dumm. Ängstlich. Soviel zu der These von dieser verdammten Studie."

„Du hattest einen klassischen Filmriss", sagte ich noch stolzer, „einen Blackout, wie der Ami sagt." Diese Diagnose hatte ich oft und bei vielen meiner Gäste gestellt in den letzten vierzig Jahren. Damit kannte ich mich gut aus.
Er nicht!
„Eher einen Knock-out!"
Meine Gäste nickten. Offenbar kannten sie sich auch

damit aus. Zumindest einige. Das wunderte mich schon ein wenig, so brav wie die waren.

Der gesamte Löwe verfolgte gespannt das Gespräch. Alle Gespräche waren verstummt.

Alle?

Nein!

Der Klaus hatte sein Hörgerät ab-, aber das Tablett eingeschaltet, saß einsam auf seinem Hocker und grinste vor sich hin. Wahrscheinlich hatte er wieder einen Pokémon erlegt...

„Hast du nicht ein Bild gefunden, ein paar Kleider oder andere Gegenstände, die dir einen Hinweis geben konnten?"

„Nein. An einer Wand hing ein Bild von einem alten Opa in Uniform, das war alles. Nach etwa einer halben Stunde traute ich mich endlich unter der Decke hervor, um ins Bad zu gehen. Da hörte ich gerade, wie sich draußen im Garten zwei Kinder über die zwei Juniortüten von MacDonalds freuten. Sie hatten also meine Tüten gefunden. Eine der Stimmen erkannte ich, also musste mein Zuhause doch in der Nähe sein."

Langsam dämmerte es ihm, dass dies nicht seine Wohnung sein konnte. Da lag er unter einer schweren Decke und zitterte wie Espenlaub.

Er spürte wie es in seinem Magen zu rumoren und sein Puls immer schneller zu pochen begann. Nur in Unterhosen bekleidet „lief ich in Richtung Tür, um das Bad zu erreichen. Ich hatte Glück und fand das Bad auf Anhieb, da sah ich sie grinsend in der Badewanne liegen."

Er wischte sich den Schweiß von der Stirn und sah mich zitternd an. „Verdammt Wolfi, ich bin nachts auf den falschen Balkon gestiegen, war im falschen Schlafzimmer gelandet und hatte mit meiner 70jährigen Nachbarin im Bett geschlafen."

„Und? Ist etwas passiert?"
„Keine Ahnung. Na ja, verdammte Kacke, wie man's nimmt. Als ich mich im Spiegel sah, hatte ich eine Glatze! Die Nachbarin hatte mir im Schlaf die Haare abrasiert. Nicht genug damit, jetzt bin ich auch noch You-Toube-Hero und habe schon über 100.000 likes."
Haha. Wie hat dieses Genie es wohl aus dem Bauch seiner Mutter geschafft?, dachte ich, aber jetzt wusste ich endlich, warum er so verändert aussah.
Übrigens, sie hatte ihm bei der Gelegenheit auch gleich noch die Augenbrauen abrasiert...

*Die Studie gibt's wirklich: https://www.psychologytoday.com/blog/the-scientific-fundamentalist/201005/why-night-owls-are-more-intelligent-morning-larks

Wahlversprechen

Es fing an mit Walters legendärem Spruch:
„Niemand hat die Absicht, eine Mauer zu errichten!"
Da sagten noch alle: Huch!
und ließen sich von den Medien berichten.

Die Mauer wurde gebaut aus hartem Stein,
schmerzhaft teilte sie Land und Leute.
Eine Tragödie. Freiheit erstickt im Keim.
Sie wurde abgetragen. Teile verkauft. Bis heute.

Dann kam der Helmut und sagte: *Ich will euer Wohl,*
nach einem Jahr wird der Soli wieder abgeschafft.
Er hat uns angelogen, der Kriegstreiber Kohl.
26 Jahre zahlen wir nun. Was ist die Botschaft?

Nobbi sagte: *„Die Rente ist sicher!"*
Verursachte damit beim Volk Gekicher.
Die jubelten alle zu, dem smarten Russen,
ließen sich von Perestroika beeinflussen.

Die Botschaft wurde vernommen, auch bei der Polit-Meute.
„Mit mir wird es keine PKW-Maut geben!"
Ist auch bei Merkel angekommen, hier und heute.
Das brave Wahlvolk glaubt ihr alles, liegt voll daneben!

Sie zieht ihre Spendierhosen an,
erzählt einem von höheren Renten.
Spricht damit die Graulocken stramm,
belügt sogar den Präsidenten.

180 Euro Rente, für die Erziehung eines Kindes,
man quält sich dafür ein ganzes Leben.
Ich finde das ist was sehr, sehr Schlimmes,
es müsste viel, viel mehr dafür geben.

Keine Waffenlieferungen in Diktaturen
sagte schon der Helmut, der Kettenraucher.
Die Rüstungsbranche verwischt alle Spuren
und täuschte damit den Verbraucher.

Solarstrom wurde eingeführt, wurde zu billig,
deshalb haben sie ihn schnell wieder abgeschafft,
wenn auch auf Druck, eher unfreiwillig,
bevor der die Monopolisten schafft.

Weniger Steuern versprechen alle Parteien,
trotzdem wurde die Mehrwertsteuer erhöht,
das ist, wie im Sommer schneien.
die Menschen dachten, sie hatten sich verhört.

„Man darf nicht an Wahlkampfsprüchen gemessen werden",
sie versprechen das Blaue vom Himmel.
Doch das gefällt keinem Politiker auf Erden,
denn auf vielen Wahlkampf-Aussagen liegt Schimmel.

Der Schröder startete *Agenda zehn, Hartz IV* und anderen Kram,
ein Sozi stärkte die Kapitalistenfront.
Die Leute wurden verarscht und wurden grau vor Gram,
etablierte die privaten Jobagenturen, ganz gekonnt.

Fischer und seine grünen Konsorten
erwiesen sich dann doch als Kriegspartei
konnten gut jonglieren mit Worten
der „Friedenskanzler" erwies sich als Leichen-Kartei.

Dann kam der *Bankenskandal* wie eine Lawine,
der Steuerzahler musste den Schaden bezahlen.
Betrug und dreiste Manipulation war die Schiene,
die schuldigen Politiker gewannen die Wahlen.

Kindergeld, Mindestlohn, Krankenversicherung, Kernkraft,
vieles wurde angepackt, doch andere kamen dazu.
Migrantenstrom, Dieselplage, AfD, alles sehr mangelhaft,
das alles löst sich nicht im Alleingang. Und nu?

Diese Berufs-Politiker-Generation wird's versuchen
zu lösen die Probleme unserer Zeit.
Doch auch wir, die Wählerschaft muss helfen, nicht fluchen
damit die Lügner kommen damit nicht zu weit.

Ich könnte dieses Gedicht endlos fortsetzen,
doch es schießen mir die Tränen in die Augen.
Ich zerreiße all' meine Vorträge in Fetzen,
jetzt hab ich Arbeit, muss saugen.

Mainzer Bank des Volkes

Die Bank des Volkes soll sie sein,
aber, liebe Kunden, es ist nur ein Schein.
Denn davon hat sie sich entfernt,
das Kundengeschäft total entkernt.

Gebühren werden erhoben, wohin man sieht
man weiß gar nicht, wie einem geschieht.
20 Cent wollen sie jetzt pro Rolle,
Schütteln wir raus, wie die Frau Holle.

Ewig lange IBAN müssen wir schreiben
wenn wir etwas müssen überweisen.
Die Gebühren dafür werden erhoben
nach dem Alter, nach oben verschoben.

So zahlt eine 70-jährige Dame,
ich weiß, es ist keine Reklame
rund 16 Euro für zwei Überweisungen
kassiert ohne jedwelche Hemmungen.

Wohl wissend, dass man sich nicht wehren kann,
erhebt man natürlich, das auch einem Mann,
alt genug muss er nur sein,
am besten schon mit fertigem Grabstein.

Denn mit diesen Leuten kann man's machen,
diverse Schweinereien und noch andere Sachen.
Am besten man erhebt eine Gebühr auf Luft,
die dann beim Verlassen der Bank verpufft.

Kredite gibt es keine mehr,
Selbstständige haben's schwer.
Überziehen kann man nicht mal einen Euro
ich sag es ja immer: Was für'n Teuro!

Und hat man mal nicht das Konto gedeckt,
seine Abbuchung nicht gecheckt,
ist die Überraschung groß,
1,50 Gebühr geht in die Hos'.

Rückgabe, Widerspruch, Gebühren.
Wohin soll das noch führen?
Die lassen dich verrecken,
kannst nicht mal mehr den Umsatz checken.

„Ihr Kontoverhalten ist nicht okay,
Sie wissen, wir sind voller Fair Play!
Sie müssen bei uns anlegen jeden Cent,
hinter ihnen her unser Bankberater rennt."

Na klar, denk ich mir etwas dabei,
und verschiebe alles nach Dubai.
Du bekommst hier nichts mehr für dein Geld,
es wird immer weniger, was mir sehr missfällt.

Geldentwertung wohin man sieht.
Hohe Mieten wohin man zieht.
Wir schaffen bald nur noch für Knöpfe,
füllen den Reichen ihre Töpfe.

Ja, Geldentwertung wohin man sieht,
auf die Bahamas es die Kohle zieht.
Und was macht die Mittelschicht?
Die wird boykottiert und merkt es nicht.

Was mich wundert, die Macht dieser Meute
wird gestärkt, was machen da die einfachen Leute?
Die Halsabschneider werden gedeckt,
die Kunden nach Strich & Faden gecheckt!

Dein Verhalten wird durchleuchtet
jeder Winkel hell erleuchtet.
Wenn man bringt ihnen viel Geld,
dann ist man ein großer Held.

Wenn man hat nur Schulden,
muss man sich sehr gedulden.
Sich immer anständig benehmen,
Beleidigung & Entwürdigung hinnehmen.

Denn als Kunde hat man keine Macht,
es sei denn mit dem Dietrich, in der Nacht.
Da hat der Schalterbeamte nur gelacht,
„Ha, ha! Wir haben unsere Tresore leer gemacht!"

Da ist nichts mehr zu holen,
die haben uns den letzten Cent gestohlen.
Und so was haben wir gerettet.
Moment Mal, so hab ich nicht gewettet.

Ihr sollt euren Namen machen alle Ehre
nicht bezahlen Waffen und Gewehre.
Spekulationen jeder Art vermeiden
sonst kann euch bald keiner mehr leiden.

Mehr Filialen auf- statt abbauen,
es packt einen das pure Grauen.
Menschen anstellen, statt Automaten,
kein Bürodeutsch schwafeln, sondern Taten.

Ihr wollt' das Bargeld abschaffen,
macht die Kunden zu euren Affen.
Die beginnen wieder Tauschgeschäfte,
brauchen wieder alle Kräfte.

Denn der Kunde ist nicht mehr gewollt,
die Bank will nicht mehr, dass der „Rubel rollt".
Es ist ihr schlichtweg egal geworden,
Kleinvieh bringt kein Geld und keinen Orden.

20 Cent pro Rolle Kleingeld,
ein Fünfer auch für's Kupfergeld.
Prozente beim Bar abheben,
ich find's völlig daneben.

Die Bank des Volkes sollt ihr sein!
Wie sagte ich anfangs? Es ist nur Schein.
Kapitalismus pur. Ausbeutung nur.
Diese ganze Branche ist 'ne Hur'!

Schnaps für alle

In diesen kalten, grauen Tagen,
wenn uns so manche Sorgen plagen,
mal zieht es dort und dann mal da,
mal ist es fern, dann wieder nah,
da hilft nur eins, ganz sicherlich,
das ist ein Schnaps, das schwöre ich.

73

KUZ* Gedicht

Ach, wie war das früher toll,
das KUZ war immer rappelvoll.
Doch die alte Dame ist so laut,
den Scheich es aus den Latschen haut.

Wenn der Ebling** sagt, wir schaffen das
dann wissen wir, wir lassen das!
Denn er versprach, zu renovieren,
und alles mit Kultur garnieren.

Doch es kommt so, wie's kommen muss,
mit dem KUZ ist es nun Schluss.
Der Norbert und der Joe,
die sind jetzt Rentner, einfach so.
Sie werden wandern, lesen, chillen
natürlich, alles gegen ihren Willen.
Haben sie doch so viel geleistet,
und viele Mainzer oft begeistert.

Frühjahr, Sommer, Herbst und Winter
gab's Kids im KUZ für alle Kinder,
und wer sich auf die Bühne wagt,
für den war Poetry Slam angesagt.
Beim Doppelpunkt, nicht zu vergessen,
hat auch der Maffay mal gesessen,
doch war der Auftritt kurz und knapp,
beleidigt trat der Peter ab.
Entspannter war es zu erwarten,
beim Film-Programm im Kneipengarten.
Und es riss manchen von den Stühlen,
bei Sendungen mit Fußballspielen.
In schwarzen Kleid und Lederhosen,
konnte man bei Dark Wave posen.

---

*   Kulturzentrum in Mainz
** Michael Ebling. Mainzer Oberbürgermeister

Wie haben wir uns stets gefreut
in der warmen Sommerzeit.
Denn Jazzmusik und Samba bringen
so manchen Gast zum heißen Schwingen.

Wir hatten eine gute Zeit,
doch leider ist's Vergangenheit.
Da hat der Thomas Spanier sich gedacht,
dass er ein Abschiedsfest noch macht.
Mit Jammin' Cool und Juice Exbrass,
da wird die Party richtig krass.
Weil all dies leider enden muss,
lasst uns noch feiern bis zum Schluss!

Die „alten" Macher können sich nun austoben,
die Renovierung wurde schon zweimal verschoben.
Jetzt kämpft der Neue gegen's Vergessen,
auf ein baldiges Eröffnen ist er versessen.
Denn die Gäste wandern ab in andere Clubs,
gehen in Mainzer Kneipen, Bars und Pubs.

„KUZ unterwegs" wurde aus der Taufe gehoben,
man kann sich nun in fremden Hallen austoben.
Ich find das gut, es ist geschickt,
sonst wäre die Lage arg verzwickt.

Unserer Generation wird das nichts mehr nützen,
auf die Jungen müssen wir uns stützen.
Es liegt an ihnen, die Zeiten neu zu beleben,
die heilige Stätte in altem Glanz zu erheben …

Qual oder Wahl

Wie naiv konnte ich sein,
als ich dachte, die Clinton wäre „mein".
Verloren hat die Dame ihre Wahl,
was jetzt folgt, wird vier Jahre eine Qual!
Ich versprach und könnte mir die Haare raufen,
wenn Trump Präsident wird, fang ich an zu saufen.
So viel Schnaps kann man nicht brennen,
schnell und weit genug sollte man rennen.
Doch Kanada will die Flüchtlinge sicher nicht,
sieht man die Amis jetzt in einem anderen Licht.
Mit den Mexikanern meinte er es nicht gut,
doch die lachten sich kaputt,
und bauen selber eine Mauer zu ihrem Schutz
um sich zu schützen vor Trumps Schmutz!

Für mich kommt es nicht überraschend,
diese Wahl war dreckig und effekthaschend,
viele Amis haben genug, die Schnauze voll,
wollten den Wechsel und fanden's toll,
was aus der dicken Marionette quoll.
Bloß glauben sollte man nicht alles,
sonst hat man in seinem Mund was Schales ...

Das Volk wurde zu Bettlern degradiert,
ein vernünftiger Lohn wurde ausradiert.
Doch diese Politik scheint sich zu rächen,
denn sie ist menschenfeindlich und voller Schwächen.
Doch wer sich jetzt freut und lacht,
der hat vergessen, dass es 2017 auch bei uns laut kracht.
Denn da haben wir die Qual der Wahl, was für 'ne Pracht.
Mal sehen, ob wir es besser machen,
ob die eigenen Bundesmarionetten am Ende lachen.
Denn wenn „Mutti" dann verliert,
werden die Rechten von allen Seiten hofiert,

und wir werden weinen,
mir vergeht sicherlich das Reimen.
Fake News verbreiten sich im Netz rasant
und sind meistens sehr, sehr provokant.
Meist sind es gekaufte Stimmen,
die Deppen gehen unter, können nicht schwimmen.
Leider bleiben die Faschisten übrig,
die Lust auf Zusammenarbeit bleibt niedrig.

Die meisten Meinungen sind infiziert,
doch trotz Virus wird weiter kommuniziert.
Die Demokratie, dieses tolle System,
ist auf dem absteigenden Ast, das ist das Problem.

Schaltet alle Medien ab, die Hirne ein.
ich schwöre euch Stein & Bein:
Wenn ihr nicht kämpft, gibt es kein Morgen,
überhand nehmen werden eure Sorgen.
Korruption wohin man blickt,
Politik, die euch alle fickt.

Manchmal wünsche ich mir den Che zurück,
sogar der Castro ist in mein Herz gerückt.
Ich könnte mich arrangieren, auch lokal,
mit Schwarz, Grün, Rot, eigentlich egal.

Hauptsache der Umkleidekabinen-Prolet, der Lügner,
der neue „Leader der Welt", ist bald hinüber.
Als Millionär geboren, vom Volk auserkoren,
hat er im Leben jeden Anstand verloren.
Wenn der Drunk wird jemals ein Diplomat,
werde ich Chef in einem Aufsichtsrat.

Dabei ist der Mann gar kein Gringo
wie meinte doch neulich der Ingo:
„Der Populist stammt aus Kallstadt in der Pfalz;
ey Wolfi, da krieg ich so 'nen Hals"

Das liegt nur 80 Kilometer südlich von Mainz,
und das ärgert nicht nur den Heinz:
Es reicht, denn in Ungarn & Polen regieren Rechtspopulisten
die Bewohner dieses schönen Dorfes setzen ihm Fristen,
sonst werden alle noch zu überzeugten Kommunisten ...

Ich frage euch, ihr lieben Leut'
über eine Antwort wäre ich sehr erfreut:

Hört der Trump am Aschermittwoch auf,
oder verlängert er seinen Testlauf?
Was machen wir mit dem Idioten?
Erfüllen die Populisten jetzt die Quoten?

Die Dummheit erobert die ganze Welt,
ich weiß dass euch das nicht gefällt!
Drum müssen wir das verhindern,
zumindest deren Einfluss vermindern.

Sonst kommen dunkle Zeiten wieder,
und machen die Demokratie nieder:
Also Leute, gebt euch einen Ruck,
geht auf die Strasse und macht Druck!!!

Ich bin ein Berliner

Eigentlich wollte ich euch etwas Schönes schicken,
wusste aber nicht genau, wie diese Terroristen ticken.
So kommt jetzt eine braune Lawine auf uns zugerollt
ich schwöre euch, das hat niemand gewollt.
Ich kotz vor Wut und Ekel, die Scheiße steht mir bis zum Hals
ich warne alle Trittbrettfahrer, ich sagte es schon mehrmals:
Diese widerliche Partei, die wird das instrumentalisieren,
ignoriert es, wir haben viel zu viel zu verlieren.
Freiheit, Demokratie unser ganzes Leben,
für ganz Europa ist's ein Erdbeben.
Leider kommt es der AfD stark entgegen,
denn diese widerliche Meute
bringt jetzt ihre braune Propaganda unter die Leute.
Die Toten sind noch nicht mal kalt
da machen die Hetzer vor dem Anstand nicht halt!
Wir sollten uns nicht auf dieses Niveau begeben
im Gegenteil, unser Mitgefühl sollte wieder aufleben.
Denn unsere Erde ist schwer erkrankt
für jeden Heilungsversuch wird sich bedankt!
Da ist kein Platz für braune Gedanken
unsere Gesellschaft sollte diesen abdanken.
Verdächtigt wird jetzt jede Nation, je nach Belieben
die Zivilgesellschaft MUSS deshalb siegen!
Hört auf, verbohrt zu sein
Schaltet eure Liebe ein!
Wie sagte einst ein sympathischer „politischer Schlawiner"
Hey Leute, ich bin ein Berliner!

Die Maut

Wie sagte mal die Bundeskanzlerin,
sie nahm Stellung, ich dachte ich spinn!
„Mit mir gibt's keine Maut!"
Leute, das war ein Fault.

Jetzt haben sie's durchgewunken,
ich dachte sie sind betrunken.
Es wird teuer werden, das Autofahren,
egal mit was für einem Karren.

Auch wenn sie es noch verneinen,
es wird alle Politiker vereinen.
Denn es ist wird Milliarden bringen,
alle werden um den Profit ringen.

Blöd ist nun der Autohalter,
der wird abgezockt, in jedem Alter.
Fahren wird ein Luxusgut.
Leute, mich packt schon wieder die Wut!

Bis zuletzt wurde geschachert & erhoben
gedroht, versprochen, gelockt, verwoben.
Dann haben doch alle angedockt
von Dobrindt's Versprechen angelockt.

Die Zusage vom regionalen Bahnprojekt,
gleicht in Thüringen einem Infekt.
Deshalb sind sie weich geworden,
nach den Drohungen der bayerischen Horden.

Wurden zweigleisig belohnt,
vom Autolärm bleibt man verschont:
„Wir brauchen Fernverkehrszüge in unserer Region,
das ist genauso wichtig wie Religion."

Sei es für In- oder Ausländer,
vor allem für die Niederländer:
Mauterhöhungen für alle Kutscher,
diktiert von einem Haufen Lutscher!

Das wird teuer, liebe Leut'
nicht nur hier und nicht nur heut'.
In Zukunft zahlt ihr nicht nur fürs TV
sondern auch noch für den Maut - Ausbau.

Milliarden werden kalkuliert,
die Finanzen des Bundes saniert.
Mit einem einfachen Trick,
die Schuldenbremse im Blick.

Der Schäuble umgeht die Regel,
erhöht damit den Pegel.
Immer höher, immer weiter,
fällt er hoch die Leiter.

Wer wird dafür bluten?
Ja, es sind wieder die Guten.
Also wir, das Stimmvieh dieses Landes,
„Wir. Ja WIR!" und niemand anderes.

Die meisten raffen gar nicht, was da passiert,
welcher schweinische Virus herum grassiert.
Es wird geschickt betrogen und verschleiert,
auf 13.000 Kilometern Autobahn herumgeeiert.

Die Politiker wissen's ganz genau,
ohne Auto kommt man nicht zum Bau.
Jeder von uns ist darauf angewiesen,
ankommen in Stadt, Wald & Wiesen.

Wir können uns dagegen kaum wehren,
die sind alle in anderen Sphären,
freuen sich, was man alles machen kann,
mit dem Stimmvieh, egal ob Frau oder Mann.

Die Leute scheinen alle zufrieden zu sein,
zücken gerne einen Schein.
Aus ist es mit freier Fahrt,
das geht jetzt nur noch mit dem Kart.

Dass ich dem Österreicher mal die Daumen drück'
dachte ich nie, mach ich aber ein großes Stück.
Damit sie den Prozess gegen die Maut gewinnen,
diesen CSU-Populisten zeigen: die spinnen.

Die Grünen

Was ist bloß mit den Grünen los
das ging alles bös in die Hos'.
Kommen nirgends mehr hinein,
sind panisch, wahren den Schein.

Haben ihr Konzept verloren,
was waren die verschworen!
Das Personal ist auch nicht gut,
vor der „alten Garde" zieh ich den Hut.

Autofasten ging nach hinten los,
fiel der Eckardt Göring in den Schoss.
Die Flüchtlingskrise macht dem Cem Özdemir
viel zu schaffen, sei es dort oder hier!

Was soll das mit der Doppelspitze?
Das wird sein die Giftspritze,
2017, bei der nächsten Wahl,
stellt es die Wähler vor die Qual.

Der Anton, der mit dem langen Haar,
der immer verliert die Wahlen klar,
machte neulich beim Welke 'ne gute Figur,
sprach gegen Massentierhaltung und Mastkur.

Kann ich alles verstehen, bloß
was ist auf einmal bei euch los?
Niemand will euch mehr haben,
an eurem Programm sich laben.

Den Habeck, den kenn' ich gar nicht,
habe ihn noch nie gesehen im Licht.
Ich mag die Tabea Rösner, Mainzer Politikerin,
Kenn ich: authentisch, intelligent, 'ne Siegerin.

Sie ist für das Verbot lauter Güterzüge,
wer es nicht hört: „das ist 'ne Lüge".
Seit Jahren fall ich aus dem Bett,
wenn um die Ecke der Zug kommt, ganz fett.

Es kommt noch dazu die Mainzelbahn,
da hört man nicht mal mehr den Nachbarshahn.
Dieses Geräusch geht unter die Haut,
schlimmer wird nur noch die Maut.

Und dann die ganzen Staus über die Brück,
bloß weil die nicht ausbauen am Stück.
So steht man stundenlang im Stau
und denkt daran: wann ist fertig der Bau?

Wenn's nach den Grünen geht, wohl nie,
die wollen hier keine Industrie.
Doch Steuern wollen sie kassieren,
bloß, wie dann den Stillstand kaschieren?

Freie Fahrt für freie Bürger
das ist für sie ein echter Würger.
Bloß, wie bekomme ich meine Fässer
über die reißenden Gewässer?

Mit dem Fahrrad geht es leider nicht,
und nicht, weil kaputt ist mein Licht.
Vielleicht sollte ich es mit Windkraft versuchen
oder essen süßen, fetten Kuchen.

Denn das gibt Kraft genug,
sicher gibt's mir dann 'nen Schub.
Wenn ich mir so'n „Ventilator" anschnalle
und über die Autobahn knalle.

Was mach ich bloß mit dem roten Blinken?
Das ist so nervig, wie am 1. Mai Winken.
Wohin mit meiner überschüssigen Energie?
Von dem Ventilator krieg' ich 'ne Allergie.

Ich war euch trotzdem jahrelang treu,
hab sogar gefressen Gras und Heu.
Vegan nennt man das heute, glaub' ich,
Ökologisch gedacht, wie köstlich.

Doch jetzt bin ich aufgerüttelt und schlauer,
was war ich für'n blöder Bauer?
Hab euch gewählt, trotz Krieg und Agenda zehn,
ich könnt dafür in die Hölle gehen.

Habe den Trittin und Claudia Roth
ins Mainzer Quartier geholt.
Habe ihnen Redezeit verschafft,
was haben die Mainzer gegafft.

Außer dem Flaschenpfand hat's nix gebracht,
was wurde alles in den Reden *gesacht.*
Aber es war Wahlkampf, da darf man alles,
scharfe Kante zeigen, aber auch Schales.

Doch ich glaube, jetzt bin ich böse,
nach dem ganzen grünen Getöse.
Wäre es Zeit für ein vernünftiges Programm,
dann will ich von Tabea ein Autogramm!

Einmal grün. Immergrün? Von wegen!
Dann sollte das Programm noch zulegen.
Sonst sind wir keine Freunde mehr,
das Ganze stresst mich viel zu sehr.

Denn aus der Revoluzzer-Partei,
wurde eine Leiche in der Wahlkartei.
Denken nur noch an die eigene Kohle,
bei Verantwortung sieht man nur die Sohle...

Appetit und andere Häppchen

Heutzutage sind alle so fit,
Joggen, radeln, walken, der neuste Hit.
Das einzige was bei mir läuft, ist mein Bauch,
der Umsatz dagegen ist rückgängig, kaum Verbrauch.

Die Kundschaft hält sich vornehm zurück,
vom großen Genießen kein Stück.
Diäten sind das neueste Glück.
Für mich jedoch eher ein Unglück.

Früher gab's Vitamine für's dünne Gerippe,
die wirken erst heute, man sieht keine Rippe.
Das halte ich wirklich für Zauberei,
anschließend rühre ich mir noch eine Banane zu Brei.
Ich esse doch selten nur für zwei.

Als Kind schon fraß ich alle arm,
da fühlte ich mich wohlig warm,
der Kühlschrank der war immer leer,
doch ich wollte mehr und mehr.

Die Lösung wäre, ich werde Veganer,
ernähre mich gesund, wie früher Indianer.
Fresse ab heute nur noch Gras und Blumen,
verliere täglich an Volumen.

Heutzutage isst man nur noch Bio
Bananen, Ananas und Avocado, aus Rio.
Pure Exotik statt Erotik, gesundes Beben,
was ist das für ein Hungerleben!

Pizza, Sushi, Kebab mag ich alles sehr,
von dieser Vielfalt will ich immer mehr,
ich bin kein Gourmet, aber eines weiß ich sicher,
dieses Kulinarium macht das Leben göttlicher.

Denn wahre Liebe geht durch den Magen,
man kann seine Sorgen leichter ertragen,
ist zufriedener, immer gut aufgelegt,
lustiger und viel weniger aufgeregt.

Doch da kennt sich einer viel besser aus,
Sammy unser Koch aus Hawai, der hat's raus,
bereitet euch jetzt eine Hawaiianische Weise
nimmt euch mit auf eine exotische Reise …

Wie isst man diese riesigen Portionen?
Muss man transportieren mit Drohnen.
Groß und schwer sind die Teller,
zum Verdauen rennt man in den Keller.

Zehn Mal rauf und nochmal runter,
das macht einen wieder munter.
Dann hat man wieder Platz im Magen,
kann sich an ein Dessert wagen.

Ich muss einen echten Löwen kaufen,
der muss dann hinter jedem Gast herlaufen.
Das ist die beste Diät zum Abnehmen,
und garantiert ein gutes Benehmen…

Detlef

Hey, lieber kleiner Bruder
das alles läuft mir aus dem Ruder,
es ist die Zeit, die mir Sorgen macht,
die fliegt uns davon, so schnell das keiner lacht!

Weinen könnt ich, du wirst heute schon fünfzig,
siehst gut aus, bist noch nicht runzlig.
Hast dich prima echt gehalten,
das Leben lässt dir Zeit, dich zu entfalten.

Hast eine schöne Frau und goldigen Nachwuchs,
bei deinem Sohn sprießt schon der Bartwuchs.
Ich kann mich erinnern an dein Schmusekissen
wie du noch in die Stoffwindeln hast geschissen.

Wie du als Türsteher am Fenster, auf der Leiter,
kassiert hast für unsere Peepshow, das war heiter.
Was haben deine Freunde über uns gelacht,
einen Star hast du damals aus mir gemacht.

Heute noch geh ich durch meinen Heimatort,
„Hey Wolfi, das war damals großer Sport!"
Die Allerbeste tut immer noch leicht erröten,
meine moralische Unterstützung ist vonnöten.

Das waren schöne Jugendstreiche,
als du noch hoch bist auf die Eiche.
Jetzt bist du in einer anderen Lage,
brauchst öfter Massage diese Tage.

Denn das Leben hat hart zugeschlagen
das zahlen schlägt dir auf den Magen.
Für jeden Scheiß kommt eine Steuer:
Ey Detlef, das ist mir nicht geheuer.
Zum Glück hast du Audi als Arbeitgeber,

das sichert erstmal euer Leben, wie ein Kleber.
Und wenn sie verpassen den Elektrotrend,
machst du eben Musik bis zum bitteren End'.

Denn das alles kannst du wirklich gut,
das soll dir machen großen Mut.
Denn soviel Verantwortung zu haben
kann auf Dauer keinen laben.

Man schläft schlecht und macht sich dauernd Gedanken,
hat selten Zeit für Urlaub zum Erholen, Kraft zu tanken.
Dadurch kommt man schneller ins Schwanken,
muss sich öfter mit der Liebsten zanken.

Detlef, dass alles wünsch' ich dir nicht,
sondern ganz viel Durchblick, ganz viel Licht.
Du sollst ganz viel Urlaub machen
und viele andere schöne Sachen!

Denn dann hält man alles Schwere leichter aus,
besiegt die Sorgen, bekommt sogar Applaus.
Fühlt sich gut im eigenen Haus,
geht wieder öfter mit der Liebsten 'raus.

Bringst mit deinen Witzen alle zum Lachen,
den größten Langweiler zum Aufwachen.
Und fällt dir einmal nichts mehr ein,
holst du raus den Heiligenschein.

Denn mit deinen schönen blauen Augen
kannst du einem alles aufsaugen,
was einen quält und einen stört,
Detlef kommt, rettet den Abend: hört, hört.

Du bist und bleibst ein Original,
hast Superkräfte wie aus Stahl.
Fleißig, charmant und wortgewandt,
welch ein Glück bin ich mit dir verwandt.

Hey Detlef, mein Bester, bleib wie DU bist,
weil das gut und richtig ist!
Heraus die Brust, und voller Lust
vergiß die Sorgen und den Frust.

Was die Zukunft bringt, wer kann das ahnen?

Lass es richtig krachen all die Tage
dreh auf Maximum die Anlage.
Wenn du bekommst eine Anklage,
scheiß drauf und mach 'ne klare Ansage:

Du hast heraus den Dreh gefunden
steinalt zu werden von Medizin ungebunden.
Dieses Geheimnis gibst du gerne weiter:
seid stets froh und heiter,
und ein wenig schlauer und gescheiter.

Brüderchen Ingo
Gestorben am 13.2.2010

„Bub, du schreibst Bücher, die keiner liest,
machst Fotos, die keiner sieht,
schreibst Pointe, die nicht zieht,
weißt nicht, was mit dir geschieht!"

„Oh Brüderchen, du hast nicht Recht
Meine Geschichten sind gut, echt.
Die Leute lesen sie zuhauf,
ich steige täglich die Hitliste 'rauf".

Beim Sport, beim Feiern, bei Konzerten,
Immerhin warst du einer der Experten,
denken wir an dich mit großer Wehmut,
und hoffen es geht dir jenseits gut.
In dieser, deiner neuen Welt,
braucht man wenigstens kein Geld.

Hier und jetzt ist viel im Umbruch,
bald braucht man wieder ein Parteibuch.
Die rote Pest macht mal wieder, was sie will
halb Rumänien dressed and kill.

Doch ganz nach deinem Geschmack
wehren sich die Leute gegen den Drecksack.
Dragnea und seine roten Konsorten
gehen bald unter, wie italienische Kohorten.

Du hättest deine Freude bei den Demonstrationen,
es gibt viele sehr gute Aktionen.
Du fehlst, mit deinem Einfallsreichtum
wäre schon besiegt das rote Monstrum.

Hättest du nur alles zu Papier gebracht,
hätten wir schon längst reinen Tisch gemacht.
So muss man täglich auf die Straße gehen
und für sein neues Leben geradestehen.

Ich hoffe, auch im Himmel gibt es eine Revolution,
da bist du sicher deren Anführer schon.
Bub, hier fehlst du einem mächtig,
mit dir war das Leben oft sehr prächtig...

Simone

Einst kam, es ist schon viele Jahre her,
ein Baby mit dem Papa, er liebte es sehr,
er setzte das Kind auf die Fensternische
und setzte sich an einen der Tische.

Es war die legendäre Frühschoppenzeit,
es kamen Leute von ganz weit.
Von der Bühne wurde gute Laune versprüht,
nur der Wolfi am Tresen war abgebrüht.

Der Pete Lancaster sang fast jeden Sonntag,
trank Whiskey, hatte Kopfweh bis zum Montag.
Das Mädchen kam irgendwann nicht mehr,
der Papa kam allein und weinte sehr.

Eines Nachts, da tauchte sie wieder auf
im Caveau da ging sie auf die Bühne 'rauf,
eine blühende Schönheit, schon ganz erwachsen,
mit der Musik war sie vollkommen verwachsen.

Ich fuhr sie immer wieder heim,
denn sie war ja eigentlich noch klein.
Ich hatte dem Papa versprochen,
abzuwehren vorzeitige Flitterwochen.

Eines Morgens auf dem Weg
sang sie mir auf einem Steg,
ein Liedchen bluesig, sanft und fein,
innerlich baute ich ihr einen Schrein.

Heute sorgt sie auf mich, den Alten,
bemüht sich, um Kontakt zu halten.
Ich versuche das natürlich auch,
denn zwischen uns ist es so Brauch.

Ich finde das sehr gut und fein,
Freundschaft ist wie ein Edelstein,
die soll man pflegen und hegen
das ist für's Leben ein Segen!

Simone Schreiner im Frankfurter Hof, 18.4.2017

Baron

Hey Sepp, genannt „der Baron mit dem grünen Bus",
was waren wir froh, als das Bestellen war ein Muss!
Denn wenn du geliefert die bestellten Sachen,
konnte man gleich weiter Party machen.

Egal ob Essen, Zigaretten oder gar was zu trinken,
man konnte dir aus dem Fenster winken,
immer nett und freundlich bist du gewesen,
an dir konnt' man immer genesen.

Das hast du auch geahnt, mit dieser Kraft
hast du gleich drei Kneipen geschafft.
Jetzt schaffst du rund um die Uhr,
findest Zeit für deine Kinder nur.

Und weil dir die zwei noch nicht genug waren,
hast du schnell noch eines gemacht, mit langen Haaren.
Jetzt hast du ein solides Lebensziel,
denn so eine süße Familie, die bringt viel.

Man freut sich wenn man kommt nach Haus',
von den Kindern gibt es stets Applaus.
Hört man wie dein Bus durch Gonsenheim brummt,
weiß man, dass der Baron persönlich *kummt.*

Immer einen guten Spruch auf den Lippen
und im Schritt ein leichtes Wippen.
Leichtfüßig läufst du durch's Leben,
deine Frau hat dir die Kraft gegeben.

Denn sie hat dich „aufgeblasen",
hat dich befüllt mit allerhand Gasen.
Und wenn das jemals entweichen sollte,
bringt euch in Sicherheit, ihr lieben Leute.

Denn das gibt einen großen Knall,
bringt die gesamte Mainzer Straße zu Fall.
Undwar dann wissen wir es ganz genau:
Der Sepp hat heut gefeiert: Au, Au, Au…

Lisa

Ach Lisa, weißt du noch, in den wilden Caveau-Zeiten
als man um sieben begann, in den Keller hinabzugleiten
und dort in dem dunklen, rauchigen Keller,
Freunde traf, da war jede Party ein Bestseller.

Am Ende, mit Pfläumchen ins berühmte Loch warf,
das machte nicht nur die Buben ganz schön scharf.
So ging man im Morgengrauen zufrieden fort,
um sich für den nächsten Tag zu verabreden, wieder dort.

So stand man schon am nächsten Abend wieder an,
um einen Stempel zu ergattern, mein lieber Mann.
Was für ein Aufwand für einen einfachen Stempel,
um 'reinzukommen in diesen Tempel.

Hatte man dann dieses teure Stück Tinte,
ging man duschen, aber nur mit Binde,
das sich bloß nichts davon verwischt,
sonst Dieter an der Tür wie 'ne Schlange zischt!

Kam man dann endlich unten an,
musste man saufen wie ein Mann.
Flens, Jacky Cola oder nur Wasser,
achten musste man auf die vielen Aufpasser.

Die Türsteher hielten den Laden sauber,
die Buben hatten Charm' und Zauber...
Vergaßen manchmal die guten Manieren
und mussten das Publikum neu sortieren.

Das sorgte oft für böses Blut,
vor allem für die späte Nachhut.
Die kamen nur nach langer Wartezeit herein,
man hörte sie schimpfen, „was für'n Scheißverein!"

Doch eigentlich ließ uns das alle kalt,
die Nacht wurde ganz schnell alt.
Frau und Mann mussten sich finden,
die Einsamkeit auf der Tanzfläche überwinden.

Du warst nie allein, ich weiß noch wie gestern,
zusammen mit deinen vielen „Schwestern",
hast du alle Buben verrückt gemacht
und dir oft heimlich ins Fäustchen gelacht.

Ich habe lange auf dich Acht gegeben,
trotz vieler Streiche, habe ich dir vergeben.
Nur einmal bist du mir entwischt,
den Kai hast du dann aufgemischt!

Ach Lisa, was haben wir gefeiert,
sind in Schlangenlinien nach Hause geeiert.
Wie war das spannend, anstrengend und schön,
manchmal laut, feucht und sogar obszön.

Mit den Wallauern, dem Klopp und dem Guido Schäfer,
haben wir angemacht, all die flotten Käfer.
Heut sind die alle unter der Haube,
haben im Körper schon manche Schraube.

Doch fast alle gingen ihren Weg,
mancher rutschte auch vom Steg.
Im großen Ganzen kann man zufrieden sein,
die meisten haben's geschafft, nicht nur zum Schein.

Viele haben Familie, Kinder, einen Arbeitsplatz
oder irgendwo versteckt, einen anderen Schatz.
Ich freue mich für dich und schicke dir einen fetten Schmatz!
Gruß an die ganze Familie, auch an die Katz'.

Denk daran, du bleibst für immer meine süße Lisa,
das kann man nicht bezahlen, auch nicht mit Visa.
In der Hoffnung, dass wir uns bald sehen,
will ich jetzt schnell ins Bettchen gehen.

Stefanie

Ach Stefanie, du bist meine Nummer Eins,
früher war's die Esther Schweins.
Doch dann stellte dich der Oli vor,
das erwies sich echt als Eigentor.

Jetzt hatte ich zu deiner Stimme,
diese schönen Augen, da hielt ich inne.
Dein Lächeln gab mir dann den Rest,
du bist wirklich the Best!

Arbeitest bei Sender Nr. 1 aus der Region,
für mich bist du fast wie Religion.
Mit dir bin ich in die Jahre gekommen,
deine Musik hör' ich verschwommen.

Ist nicht mehr so mein Ding,
klingt alles gleich, finde ich schlimm.
Programmradio ist das Zauberwort,
im Süden oder egal in welchem Ort.

Ich hör jede Sendung nur mit dir,
deine warme Stimme gefällt mir.
Pop Shop, Club und Topthemen am Mittag
nehme ich auf und höre es jeden Tag.

Deine Hunde kenne ich so gut wie dich,
hab mir auch einen angeschafft, war notwendig.
So ein Tier belebt das ganze Leben,
ich würde ihn nie mehr abgeben.

Egal, doch sie fressen alles an,
dass man's nie mehr benutzen kann.
Wenn jemand kommt ins Haus und schaut,
macht nichts, irgendwann ist's ihm vertraut.

David Bowie hab ich ihn getauft,
viel Spielzeug hab ich ihm gekauft.
Singen kann er leider nicht,
bellt im Takt, tut seine Pflicht.

Letztens hat er Heroes gebellt,
der Nachbar hat vor Schreck geschellt.
Wollte es mir gar nicht glauben,
anschließend wollte er ihn mir rauben.

Doch „Wetten das" gibt's nicht mehr,
das tut mir leid, es fällt mir schwer.
Denn ich würde die Wette gewinnen,
der Hund singt grad Bowie, wie von Sinnen.

Steffi, was hab ich für ein Glück,
willst du auch davon ein Stück?
Dann schick ich dir einen dicken Kuss
und eine Aufnahme davon, ein Muss!

Ich wünsche mir ein Lied von dir
vielleicht tanzt du auch mit mir.
Bitte keines aus der heutigen Zeit,
da geht mir die Eintönigkeit zu weit.

Am besten Bowie, das wär' schön
ein Wunder wird für dich geschehn.
Zwei „Hunde" die dir ein Ständchen singen,
die werden es noch weit im Leben bringen.

Wünsche in schweren Zeiten

Ich hab heut' Nacht von euch geträumt,
danach Geschenke in meinen Spind geräumt,
der Traum war ein „Traum", was hab ich gelacht,
habe beinahe in mein Bettchen gemacht.

Denn wenigstens die Gedanken sind lustig,
der gemeine Alltag ist eher frustig.
Kriege, Flucht und überall Probleme,
ein erbitterter Kampf verschiedener Systeme.
Jetzt hat es auch Berlin getroffen,
Ist das nun der Dank für weltoffen?

Sultan Erdi verhaftet alle die nicht dumm,
Angst und Schrecken geht im Volke um.
Putin begeht täglich vielfachen Mord,
wo ist die UNO an diesem Tatort?
Trump legt sich einfach mit jedem an,
China beklaut alle! Wer was sagt, der ist dran.
Die Muftis suchen weltweit nach Waffen & Uran,
leider finden sie auch was, ab und an.
Bei diesen Aussichten denk ich dann...
dass es ja nur noch besser werden kann.

Wer trotzdem noch Lust hat zu feiern,
wer noch nicht genug hat von diesen Geiern,
dem wünsche ich, ob groß oder klein,
das Weihnachtsfest soll friedlich sein.
Dass ihr das neue Jahr gut schafft,
mit viel Gesundheit, Glück und Kraft.

Also, wer genug hat vom Zeitgeschehen,
der sollte täglich in den Löwen gehen,
da wird es wohl kein Sky mehr geben,
aber Essen & Trinken: „Schnaps für alle", eben!

Wir sind in Mainz-Gonsenheim, dieser Oase
im ganzen Krieg und Elend, eine Glücksblase.
Zu erreichen mit der neuen Mainzelbahn,
auf dem Wasserweg mit einem Kahn.
Sogar aus der Luft mit einer Drohne
kann man sich abseilen, zweifelsohne.

Ihr werdet sehn, es lohnt sich,
zu besuchen mein Team & mich.
Denn wir geben uns täglich Mühe,
„erlegen" viele, große, fette Kühe.
Damit ihr genug zu essen habt
und euch an Sammys Portionen labt.

Bald brennen wir unseren eigenen Stoff,
riskieren mit der Behörde großen Zoff.
Doch das seid ihr uns immer wert,
wir verteidigen diese Freiheit mit dem Schwert.

Ich fordere euch hiermit alle auf,
macht trotz der Misere einen drauf.
Denn wir werden nur einmal leben,
Silvester und Fastnacht wirds bei uns immer geben.

Ach so, Frieden soll auf Erden herrschen,
nur Liebe sollte den Alltag beherrschen.
Denn wer nichts aus der Geschichte lernt,
der ist vom Frieden & Glück noch weit entfernt.

Demonstrant in Bukarest 2017

Die lieben Nachbarn

Kennt Ihr das?

Man lebt sicher und ruhig vor sich hin, ist glücklich und zufrieden, bis eines Tages neue Nachbarn einziehen und dein Leben komplett verändern. So ungefähr ist es mir ergangen. Es war ein Leben im Paradies. Wir hatten alles um glücklich zu leben: Natur, Ruhe, Berge, Wiesen, keine Nachbarn, gute Anbindung an die Stadt und eine prima Lage. Unser Nachbarhaus stand seit Jahren leer. Es war ein Wochenendhaus von irgendeinem reichen Juwelier aus Wiesbaden, der keine Zeit hatte sein Leben zu genießen. Mir war das recht. Ich hatte Zeit zu schreiben, Musik zu hören und meinen Hobbys nachzugehen. Ich tat alles was ich früher nicht tun konnte. So hatte ich mir die letzten Jahre vor der Rente eigentlich vorgestellt. Eines Tages änderte sich das radikal. Es fing damit an, dass auf dem Nachbargrundstück der Rasenmäher angelassen wurde. Dieses Geräusch hatte ich fast vergessen. Als wir noch in der Stadt wohnten, da hasste ich die Dinger. Jeder Nachbar benutze für seinen „Teppichbodengarten" diese lauten Geräte, um der Natur ihre Grenzen aufzuzeigen. Und jetzt? Hier, mitten in der Natur dieses Geräusch? Der Hund wurde unruhig. Ich auch.

Was war da los? Vor dem Tor standen zwei SUVs mit Wiesbadener Nummer. Schwarz. Breit. Bedrohlich. Irgendwann, nach Stunden, hatten sie wohl den letzten Grashalm entfernt und das Zahnarztgeräusch hörte auf. Im Garten hatten sie alles rausgeschmissen. Das tat mir weh. Denn mir gefiel das Nachbarhaus so wie es war. Es war ein schönes Steinhaus. Stein, Holz und Glas. Ein superschönes Haus. Es gab sogar einen Brunnen im Garten. Jetzt roch es an jedem Wochenende nach verbranntem Fleisch. unser Hund war kaum noch zu halten. Nach dem Grillen wurde die Anlage aufgedreht. Für die Technomucke und Housemusik konnte ich mich ja noch erwärmen, aber Max Giesinger, Maite Kelly, Mark Foster und die kompletten CDs von Helene Fischer? Das war zuviel. Das war seelische Grausamkeit. Folter pur. Irgendwann war das Gedudel dann aus und wir gingen glücklich zu Bett. Da legte die Dame nebenan los. Junge, Junge. Die hatte etwas zu erzählen. Entschuldigung, zu schreien! Mit ihrer ganzen Kraft. Schien irgendwie eine Opernsängerin zu sein oder so was in der Richtung. Aus den „Gesprächen" habe ich noch einiges gelernt. Ich hatte ja Zeit. Konnte sogar alles aufschreiben. Ich werde ein Buch über Sex schreiben. Ideen habe ich jetzt genug. An Schlaf war ja nicht zu denken. Als die nebenan fertig waren, krähte der Hahn und wir mussten aufstehen und unseren diversen Arbeiten nachgehen. Ich bin nämlich unter die Bauern gegangen. Yeah.

Einmal grüner Daumen, immer grüner Daumen. Ackern. Pflügen. Sähen. Begießen. Ernten. Klingt einfach, ist es aber nicht. Sehr schwer und mühselig. Wenigstens würde ich am Abend todmüde ins Bett fallen und nichts mehr hören von den neuen Nachbarn.

Dachte ich.

So kann man sich irren. Sie hatten auch Kinder. Viele Kinder. Schlecht erzogen, beziehungsweise gar nicht erzogen. Lauter kleine Montessoris. Die schrien Bilingual. Den ganzen Tag. Und am Abend tanzten sie ihre Geschichten rund ums Feuer. Mit meinem Holz gemacht. Sie hatten sich einfach Latten aus dem Zaun geholt. *Das geht so nicht,* dachte ich mir. Da muss ich mir etwas einfallen lassen. Nach ein paar Stunden grübeln, wusste ich, was zu tun war.

Gesagt getan, ich ging an die Arbeit...

***

Etwa einen Monat später konnte ich in der Allgemeinen Zeitung aus Mainz folgenden Artikel über meine Arbeit lesen:

AZ.: Herr Müller. Es ist jetzt schon einen Monat her, seit Ihr Haus verschwunden ist. Sind Sie noch sauer?

Müller: Natürlich. Wer macht so was? Wer ist das gewesen? Was ich nicht mag, ist diese wahllose Respektlosigkeit. Warum macht man so etwas mit einem Haus? Mit uns? Was haben wir getan? Wenn ich den erwische! Der muss sich warm anziehen.

AZ.: Wann haben Sie herausgefunden, dass Ihr Haus weg ist?

Müller: Das Haus gehörte meinem Vater. Er nutzt es aber seit Jahren nicht und so dachten wir, komm wir nutzen das schöne Haus im Grünen wenigstens am Wochenende. Es ist gesund für die ganze Familie. Die Kinder sind im Grünen, wir können ein wenig entspannen. Dann waren wir drei Wochen im Urlaub und als wir zurückkamen, es war nach Ostern, konnte ich das Haus nicht mehr finden. Verstehen Sie? Da, wo das Haus gestanden hatte, war nichts mehr zu sehen. Die Polizei wollte mir gar nicht glauben, dass da jemals ein Haus gestanden hat. Zum Glück haben wir Fotos und die Papiere vorzeigen können. Ich hoffe, dass sie von der Polizei geschnappt werden.

AZ.: Was war das denn für ein Haus?

Müller: Oh, das war ein schönes, altes Steinhaus. Stein, Holz und Glas. Ein superschönes Haus. Es gab sogar einen Brunnen im Garten. Diese Arschlöcher haben auch die Betonrohre mitgenommen und die Löcher mit Erde gefüllt. Sogar den Zaun haben sie abgetragen und geklaut. Einfach alles. Saubere Arbeit. Das Haus verfügte auch über Elektrizität und den Masten, mitsamt Leitungen haben sie auch verschwinden lassen.

AZ.: Haben Sie in der Gegend herumgefragt, wer das gewesen sein könnte?

Müller: In das Haus wurde vorher schon ein paar Mal eingebrochen. Damals haben sie den Kühlschrank mitsamt Inhalt geklaut. Wenn ich mir die Leute in dem Dorf ansehe, kann ich mir nicht vorstellen, wer das gewesen ist. Die haben ja alles. Das Haus gehört zu dem Dorf, befindet sich aber nicht wirklich darin und die nächsten Nachbarn wohnen relativ weit weg. Der Typ, der am nächsten daran lebt, ist so ein Verrückter Ex-Wirt, der jetzt als alter Hippie den ganzen Tag auf dem Feld arbeitet und irgendwas pflanzt. Der ist aus der Stadt weggezogen, damit er seine Ruhe hat. Der ist nett. Er meinte, er wäre nachts so müde, dass er nichts mitbekommen hat.

AZ.: Wissen Sie wenigstens wer den Mais auf ihrem Grundstück gepflanzt hat?

Müller: Mais? Das war kein Mais. Es ist alles viel komplizierter. Das verschwundene Haus ist mein Problem, nicht der Mais. Obwohl, jetzt habe ich auch noch eine Anzeige, wegen Verstoßes gegen das Betäubungsmittelgesetz.

AZ.: Echt? Was ist denn passiert?

Müller: In Wirklichkeit war es kein Mais, sondern Cannabis-Pflanzen. Die sind in Deutschland verboten! Die Polizei stürmte den Garten und hat uns alle Pflanzen beschlagnahmt. Die Sache ist jetzt vor Gericht. Wir müssen beweisen, dass wir das nicht angepflanzt haben und auch nicht wussten, was es ist. Eines Tages wachst du auf und alles ist weg.

AZ.: Wie sieht es denn aus für Sie?

Müller: Na ja, nicht so rosig. Kennen Sie das? Man, lebt sicher und ruhig vor sich hin, ist glücklich und zufrieden, bis eines Tages neue Nachbarn einziehen und dein Leben komplett verändern.

Überrasche deine Leber

„Wolfi, warum bist du so selten in deiner Kaschemme?"
Tja, ehrlich zu antworten bringt mich in die Klemme,
ich habe manchmal keine Lust, Alkohol zu trinken
und ziehe es vor, mich einfach auszuklinken.

Das versteht ganz sicher nur ein Kollege,
der 40 Jahre steht wie ich, in der Manege.
Glaubt mir, ich weiß es leider nur zu gut,
um Alkohol zu trinken braucht man Mut.
Denn es läuft nicht immer ganz normal,
oft sind die nächsten Tage sehr banal.

Ich denke dann, mein Kopf der spinnt,
das Klo erreiche ich nur im Sprint.
Dreißig Stunden reichen nicht,
bis ich wieder bin ganz klar und dicht.

Ich weiß, ich lebe von dem Saft,
der im Moment gibt ganz viel Kraft.
Doch auf Dauer laugt das Gift dich aus,
da steht man ganz schnell vor dem Aus.

Deshalb nehme ich so lange Pausen,
überrasche meine Leber mit neuen Flausen.
So tausche ich den Zapfhahn mit einem Stift
und verzichte ein paar Wochen auf das Gift.

Wähle statt dem Rausch einen klaren Kopf,
muss nachts nicht mehr so oft auf den Topf.
Deshalb trinke ich jetzt fast nur noch Tee,
oder mal ein Hefe ohne „Saft", das ist so *schee.*

Erst dann wird es interessant zu hören,
worauf die Gäste nach viel Bier so schwören.
Wenn sie beginnen sich Müll zu erzählen,
für sich die falschen Entscheidungen wählen.

Dabei nüchtern zu bleiben ist sehr schwer,
die Erinnerung an den Rausch zieht hin & her.
Was bietet dir so eine nüchterne Nacht?
Mann gibt auf seine Gesundheit viel Acht.

Ich überrasche meine Leber öfters mit Saft,
das gibt mir immer ganz schön viel Kraft.
Abends einen heißen Tee aus Pflaumen,
das ist das Beste für den Gaumen.
Denn man vergisst nie diesen Geschmack
vor allem wenn man ist ein alter Sack.

Der letzte Rausch, an den man sich erinnern kann,
der war vom Pflaumenschnaps, Mann oh Mann.
Tagelang war mir richtig schlecht
wusste nicht, was ich bin für'n Geschlecht.

Diese Rauscherinnerung macht mir zu schaffen.
Ich weiß, ich hab mich oft gemacht zum Affen.
Ich hab verloren einen großen Schatz,
und das alles für ein wenig Umsatz.

Dein Körper, der vergisst nie etwas,
was du alles hattest in deinem Glas.
Bei all' den möglichen Substanzen
hatte die Leber wenig Chancen.

Er stellt dir in Rechnung jede Sauferei
und jede nächtelange Plauderei.
Er weiß jetzt, wie es einmal war,
mit Alkohol, das ist wohl klar.

Egal ob pur oder gemixt,
manchmal ist es ganz verflixt.
Man verträgt nicht viel und fällt in Rausch
dann auf einmal nüchtern, was für'n Tausch.

Von heut auf morgen hab ich aufgehört,
bisher hat mich eigentlich nichts gestört.
Ich verspüre kein Zittern eines Kranken,
muss beim Laufen nicht mehr schwanken.

Das Rauchen habe ich längst aufgegeben,
das war schwerer: next Level eben.
Nüchtern geht eben nur nüchtern
niemals darfst du sein zu schüchtern.

Denn das gönnt dir keiner aus der Umgebung,
die kämpfen selber, sind schwach, bitte Vergebung.
Wenn einer sieht, wie sauber du bist.
Er aber täglich gegen Alkohol Tabletten frisst.

Er es niemals schafft ohne die Drogen,
dann macht er um dich einen Bogen.
Geht dir aus dem Weg, es ist ihm peinlich,
sagt von dir: „Der ist aber sehr kleinlich!"
Das alles jedoch stört mich nur wenig
nüchtern gut aufgelegt bin ich der König.

Ohne Alkohol und Zigaretten,
tanzen und singen Operetten.
Bücher zu schreiben und zu lesen,
daran wird irgendwann die Welt genesen.

Obwohl, zu tanzen, Party zu machen,
das ist eine der schwereren Sachen.
Ich sehe wie lächerlich ich mich bewege,
wie ein brauner Tanzbär im Gehege.

Nein, nicht so schön, aber bedächtig,
behaart, große Fresse, Zähne mächtig,
wackel' ich unbeholfen mit dem Hintern,
nicht imstande, ohne Schlaf zu überwintern.

Zum Glück sind die Winter hier sehr mild,
früher war ich vom heißen Schnaps besoffen, wild.
Nüchtern bin ich jetzt eher sehr sanft,
eben wie der deutsche Winter, entkrampft.

Leute, seht wie gesund es ist, Wasser zu trinken
man isst auch weniger Käse und Schinken,
ist fit und sportlich, nimmt ab vom Gewicht,
sieht besser aus, hat ein schönes Gesicht.

Nehmt euch bloß kein Beispiel an mir
ich möchte nicht hören: Das gefällt dir?
Wovon sollte ich dann leben?
Wenn alle nach Perfektion streben!

Wer macht dann Umsatz an der Bar?
Bin dann bald Pleite, sonnenklar.
Also lieber weiter trinken und gut essen,
dann kann man seinen Reichtum messen,
am Taillenumfang und den vielen Klamotten
und an den Nachbarn, die einen verspotten.

Deshalb macht es am besten wie ich,
für diese Idee bin ich stolz auf mich.
Trinkt nicht an Wochentagen, die mit -tag enden,
bin Mittwoch im Löwen, Energie verschwenden.

Der Raucherraum

Im Löwen gibt es einen kleinen Raucherraum. Ist gemütlich eingerichtet, stinkt aber logischerweise immer. Den kalten Rauch, am Tag danach den mag ich nicht, aber wenn gerade jemand raucht, rieche ich das eigentlich gerne, obwohl ich Nichtraucher bin. Vor allem kann man da mit Klaus ungestört sprechen, ohne dass er mit seinem Tablet hantiert. Er hat nämlich dieses Spielzeug vor einigen Jahren entdeckt und legt es nicht mehr aus der Hand. Die beiden sind unzertrennlich. Es ist seine Allerbeste. Sein Doktor, sein Ein und Alles. Die Verbindung zur großen weiten Welt. Ohne Google kann er nicht mehr leben. Ohne Zigaretten auch nicht. Ich glaube das Bier würde ihm auch fehlen, habe aber nie danach gefragt. Mainz05 darf natürlich auch nicht fehlen. Er erleidet Qualen, jetzt im Abstiegskampf. Zum Glück hat er noch die Mainzelbahn. Klaus liebt Straßenbahnen. Egal wie alt, was für ein Typ – Hauptsache es fährt auf Schienen. Und mit Strom. Strom ist ihm auch wichtig. Ohne Strom hat er keinen Kontakt zur weiten Welt und könnte seinen Beruf nicht ausüben. Das schlimmste wäre wohl, wenn er nicht telefonieren könnte. Wie wichtig das Handy geworden ist, habe ich neulich im Löwen gesehen.

Im Raucherraum saß ein junger, sehr hübscher Mann, etwa 24 Jahre alt und bestellte ein Pils. Vor ihm lag ein schön als Geschenk verpacktes, kleines Paket. Ich brachte ihm das Pils und sagte das, was ich immer sage: Prost. Doch er antwortete nicht sondern zündete sich eine Zigarette an.

„Haben Sie einen starken Schnaps für mich?"
„Doppelt gebrannt!?"
„Sehr gut..."

Der Typ ist irgendwie nicht gut drauf. Ich ging zurück an den Tresen.

„Klaus, hast du bemerkt wie verzweifelt der junge Mann auf sein Handy schaut?"
„Kann ich verstehen. Wahrscheinlich hat er keinen Akku mehr. Oder er hat von deiner Brühe getrunken, dann bin ich auch immer verzweifelt..."
„...aber erst am nächsten Morgen."

Der Junge nahm andauernd das Handy und schaut auf's Display. Das machte er mindestens viermal pro Minute. Dazwischen zündete er sich ständig eine neue Zigarette an, bestellte ein Bier, einen Schnaps und schaute wieder auf sein Handy. Dann umfasste er seinen Kopf mit beiden Händen und schüttelte ihn heftig. Er hatte Tränen in den Augen. Doch ich konnte mich nicht um ihn kümmern. Musste bedienen. Klaus blieb im Raucherraum. Nach einer halben Stunde ging ich nachsehen. Er saß immer noch am selben Platz und starrte das Handy an. Der Aschenbecher vor ihm lief fast über. Dieser Typ hat Kette geraucht, wohl ein ganzes Päckchen. Er zündete sich gerade schon wieder eine an. In diesem Moment läutete sein Telefon. Er machte mir Zeichen, dass er noch einen Schnaps will. „Ja?! Schön, dass du dich meldest. Ja, ich verzeihe dir. Ich weiß nicht, warum du es gemacht hast, aber ich verzeihe dir. Kommst du kurz in den Löwen? Ich will dir etwas geben. Bitte. Bitte..." Er hatte das alles in einem Satz herausgepresst. Jetzt lauschte er ihrer Stimme. Ich ging und ließ ihn alleine. Als ich seinen Schnaps in den Raucherraum brachte, saß er wieder regungslos am Tisch und starrte das Handy an. Sie kam wohl nicht.

Waren wohl nicht so gute Nachrichten. Er rief zurück: „Ich verstehe dich ja, trotzdem bitte ich dich kurz

'reinzukommen. Mir tut das Herz weh, dass du nicht willst."
Offenbar war die Antwort wieder nicht befriedigend.
Seine Körpersprache war eindeutig. Die Schultern
sackten nach unten, sein Blick war stumpf und aus
seinen Augenwinkeln kullerten Tränen.

Der Kerl tat mir echt leid. Er wollte noch einen Schnaps.

„Na gut. Wie du denkst. Wenn es so besser ist für dich,
dann muss ich ja einverstanden sein. Was bleibt mir
anderes übrig..."

Die Tränen kullerten heftiger. Ich fühle mich nicht wohl
und verließ den Raucherraum. Ich wollte ihn nicht
stören. Ich glaube, er hat mich nicht einmal bemerkt.
Schien unschlüssig zu sein, was er machen sollte.

„Noch einen Schnaps, bitte!"

Mann, der müsste ja irgendwann vom Stuhl fallen.
Das Zeug ist stark. „Frohe Ostern" flüsterte er und
klappte sein Telefon zu. „Mit wem auch immer du
feierst". Er sah auf das Geschenk, dann schaut
er mir in die Augen: „Kann ich bitte bezahlen?"
Als ich mit der Rechnung in den Raucherraum zurückkam,
war er schon in der Türe und drückte mir 50 Euro in die Hand.
„Sie haben ihr Geschenk auf dem Tisch vergessen."
„Das war nie mein Geschenk."

Traurig lächelte er mich an und ging hinaus.
Einfach so... Ich machte das kleine Päckchen
auf. Darin lag ein schöner, goldener Ring.
Wohl ein Verlobungsring.

***

„Was, kein Happy End?" - „Traurig" – „Was du so alles
erlebst" – „Der arme" – „Das hast du dir ausgedacht"

„Was für'n Glück, dass ich schwul bin!"

Ich kann dazu kein Happy End schreiben, denn die Geschichte ist wahr. Natürlich kann ich sie ändern, etwas dazudichten, mir ein anderes Ende ausdenken. Ich hab kurz nachgedacht und den Klaus gefragt. Vorher haben wir natürlich die Schnäpse vernichtet. Der Junge hatte keinen einzigen getrunken. Klaus hat es mir kurz und bündig gesagt: „Das ist ein richtiges Happy End für den jungen Mann. Er wird es nur etwas später merken. Lieber allein, als mit so einer Frau zusammen. Er hat in den Ring investiert. Das reicht"

Der Klaus

Stammgäste gehen im Löwen ein & aus,
nur am Tresen, da sitzt still der Klaus!
Er hantiert wieder auf seinem Monitor,
registriert gar nicht das Mainzer Tor.

Denn seit er täglich online ist,
er alles um sich herum vergisst.
Er taucht ein in 'ne andere Welt,
da braucht man Träume und kein Geld.

Ich lese zum Feierabend was er vollbracht
und amüsiere mich die halbe Nacht.
Denn was er schreibt ist höchst vergnüglich,
vor allem die Kommentare bezüglich:
Mainzelbahn, Mainz05 und AfD
als wär' er aus der SPD.

Der Klaus der hat ein soziales Herz,
die aktuellen Nachrichten bereiten ihm Schmerz.
Das muss er sagen der ganzen Gemeinde,
Liker, Fans, Fremde und nicht zuletzt Freunde.

Auch ich lass mich jetzt beeinflussen,
frage den Google-Klaus nach Tram und Bussen.
Dieser Mensch weiß einfach viel,
die anderen Gäste haben jetzt ein Ziel.

Zu finden eine Frage die Klaus nicht beantworten kann,
denn insgeheim bewundern wir alle diesen Mann.
Ich bin froh dass er mein Stammgast ist,
er Silvester und Fastnacht noch tanzt den Twist.

Lass dich feiern, trink ein Bier,
bleib auf ewig auf deinem Hocker, hier.
Vor allem dank ich dir, lieber Klaus,
mach's gut und komm täglich nach Haus.

Kannst alles reparieren und wieder heilen,
schreibst jeden Abend viele Zeilen.
Denn du gehörst zum Inventar,
zu der ganzen Löwenschar.

Wie gesagt, in Gonsenheim sind wir der Hit
sogar der Nachwuchs will stets mit.
Bei Lesungen ist kaum Platz auf der Bank,
ich sag allen Gästen, habt vielen Dank.

Hermannstadt 2016

Wenn ich in Hermannstadt lande, führt mich der erste Weg in die Altstadt. Es gibt ein paar Adressen, da sitzt immer jemand den man kennt. So erfahre ich wer in der Stadt ist, was die nächsten Tage passieren wird, wo das nächste Fest ist – kurzum:
In der Fußgängerzone sitzt irgendwo mein Veranstaltungskalender. Früher waren es Brüderchen Ingo oder der Biro Günther. Die sind jetzt für immer verreist, sind also aus dem Stadtbild verschwunden. Sie saßen am liebsten im *Haller,* einem Biergarten am *Großen Ring.* Dafür gibt es jetzt den Kelly am kleinen Ring oder Fabro, den Schlagzeugerkönig aus Hermannstadt im *Imperial.*

Hey, ich lebe jetzt bald vierzig Jahre in Mainz und kenne in meiner alten Heimatstadt immer noch Menschen aus meiner Jugend.
Es ist also immer wieder ein nach Hause kommen.
Auch wenn die Eingeborenen mal verreist sind, es findet sich immer jemand, den man fragen kann. Im Sommer 2016 war der erste Bekannte den ich traf, der Dieter Grau. Er saß vor dem Hotel zum *Römischen Kaiser* und erzählte Witze. Sein Gegenüber, ein Sportlehrer aus der 2er Schule war noch besser: „Wenn eine Schraube locker ist, hat das Leben etwas Spiel"
So kann schon mal ein Nachmittag vergehen. Es sei denn, man hat irgendwann Muskelkater vor lauter Lachen oder die Familie dabei. „Komm Wolfi, wir müssen auspacken!"
„Wir sehen uns am Abend", rief der Dieter mir noch nach. „Ich hab viele Geschichten für dich!"
„Ich hatte heute einen Scheißtag. Morgens haben sie mir meinen BMW geklaut, mittags sind sie bei mir eingebrochen und am Abend war mein Konto leer. Das einzig Positive heute, war der Aids-Test" hörte ich noch

und wurde von der Allerbesten weggezerrt. Die Gute ist Kummer gewohnt. Mit Brüderchen Ingo hatte ich mal drei Tage im Haller gesessen. Wir hatten nicht bemerkt wie die Zeit vergangen war. Andauernd kamen neue Leute dazu. Freunde, die man Jahre nicht gesehen hat. Man hatte immer etwas zu erzählen, hörte den neusten Tratsch, gab seinen Senf dazu oder beobachtete einfach die Menschen um sich herum.

Es gibt immer viel zu sehen. Die Fußgängerzone ist ziemlich groß. So bewegt man sich wenigstens ein paar Mal pro Tag. Es gibt ein paar Treffpunkte, die sind ein Geheimtipp und den vielen Touristen zum Glück unbekannt. Denn, liebe Hermannstädter Freunde: Die Stadt ist ein Touri-Nest geworden. Da rennen Chinesen, Japaner, Amis ihren Stadtführern hinterher und besetzen die besten Plätze. Dadurch sind die Preise in die Höhe geschossen und wir sind gezwungen uns neu zu orientieren.

„Wolfi, wir sind auf den Brettern. Da gibt es den besten Espresso."

Die Bretter die die Welt bedeuten, waren früher in der Tat eine Bretter-Promenade, wo man „gesehen" wurde. Ein beliebter Treffpunkt nicht nur für die Jugend. Die Promenade brannte irgendwann ab und so wurde die ganze Heltauergasse zur Promenade. Ich weiß gar nicht mehr, wie oft ich diese 'rauf und 'runtergelaufen bin? Das Schöne daran ist, man trifft extrem viele Bekannte, auf diesem „Korso", oder lernt neue Leute kennen.

„Ihr Hund hat meine Schwiegermutter gebissen, stellt ein Mann den Hundebesitzer zur Rede."
„Jetzt wollen sie wohl ein Schmerzensgeld dafür?"
„Aber nein", sagt der Mann, „ich möchte ihren Hund kaufen."

In meiner Jugend fuhr durch die Heltauergasse noch die Straßenbahn. Hermannstadt war in Europa ganz vorne dabei, mit der Einführung der elektrischen Straßenbahn. Als Kind bin ich noch damit zur Schule gefahren.

Im späten 19. Jahrhundert, 1895, wurde auf Initiative der Sparkassa der Bau eines Wasserkraftwerks im Zoodt-Tal beschlossen. Das vom bekannten Münchner Architekten Oskar von Miller, dem Erbauer des Deutschen Museums, errichtete Elektrizitätswerk, erwies sich als überaus bedeutend für das Gewerbe. Bereits 1910 liefen Elektromotoren in 78 Hermannstädter Betrieben. Gleichzeitig dehnte sich der Gebrauch von Elektromotoren auch auf die Landwirtschaft aus. Dieses groß angelegte Elektrifizierungswerk ermöglichte den Bau der mit Strom betriebenen Straßenbahn und die Einführung der elektrischen Straßenbeleuchtung in Hermannstadt.

Hermannstadt.
Dieter und Hermann haben eine heftige politische Diskussion. Diese haben sie öfter, da sie nicht die gleiche Partei wählen. Vor allem nach ein paar Schnäpsen werden sie selbst zu Politikern und haben interessante Lösungen, um die Probleme dieser Welt zu lösen. Mitten in die Diskussion platzt eine hübsche Zigeunerin. Wenn ich sie jetzt Roma nenne, beschweren sich die Italiener, also nach eigenem Wunsch der Dame: Zigeunerin. Die hübsche Zigeunerin: „Hey, ihr Buben, hört auf euch zu streiten. Kommt lieber mit mir vögeln*! Ich kann alles. Ich mach alles. Wenn ihr wollt, können wir eine flotte Party machen. Ich habe hübsche Mädels an der Angel. Kommt, mit einem Hunni seid ihr dabei...“
Wie aus Zauberhand werden sie von noch zwei Damen umringt. Hübsche Damen.
„Nein. Nein. Wir sind glücklich verheiratet und versorgt.

---

* **Vögeln** - daher stammt der Begriff. Dieses Wort stammt aus einer Zeit, zu der es ein Luxus war, einen Vogel als Haustier zu besitzen. Die besser gestellten Frauen des Mittelalters sollen - so die Legende - mit den ins Fenster gestellten Vögeln signalisiert haben, dass sie allein zu Hause sind und die Luft somit rein für ihren Liebhaber war.

„Ach was, so siehst du aber nicht aus", sagt sie und greift Dieter voll an die Eier. „Ui, wie dick die Dinger sind", sagt sie lachend und geht weiter. „Ey Dieter, kennst du die Frauen?" Nein. Der Dieter kennt sie nicht. Aber sie kommen ihm sehr bekannt vor.

Am Abend treffen sich die Freunde mit ihren Familien in der Unterstadt, im *Butoiul de Aur* zum Essen. Es ist die älteste Kneipe Hermannstadts, nein ganz Siebenbürgens, am Fuße der deutschen Evangelischen Kirche gelegen. Da kann man gut sitzen und das Treiben auf den *Pempflinger Stiegen* zuschauen. Die Stimmung ist gut, das Essen gelungen, der Alkohol stark. Als Dieter zahlen will, bemerkt er, dass sein Geld verschwunden ist. „Wie kann ich das verlieren? Ich hab so enge Hosen an, dass ich Hilfe brauche beim Anziehen. Eigentlich sind es Strumpfhosen" Dieter rätselt. Hermann weiß sofort was passiert ist. „Die Zigeunerin, die von vorhin, hat dir das Geld aus der Tasche gezogen. Wetten?" „Unmöglich! Sie hat mich nicht einmal 10 Sekunden berührt. Das geht doch gar nicht. Das gerade mir das passiert. Ich scheine solche Leute anzuziehen..."

Seit dem Wegfall der Grenzkontrollen geht in Deutschland der große Klau um. Reisende Banden aus dem Ausland machen das Gros der Einbrecher und Diebe aus. Viele Menschen in Deutschland fühlen sich nicht mehr sicher. Zugleich sinkt das Vertrauen in den machtlosen Staat. Organisierte Banden bedrohen den Wohlstand und den sozialen Frieden Deutschlands. Die wachsende Eigentumskriminalität, auch der Drogen- und Menschenhandel, sind international organisiert. Die Polizei aber stößt an ihre Grenzen.

Im Hermannstädter Fall sind es „Lehrlinge" die sich ihren Auslandsaufenthalt wohl noch verdienen müssen.

Das heißt, sie müssen eine gewissen Summe einsammeln und dürfen dann zu einer Gruppe ins Ausland reisen. Da ist die Beute höher. Früher war es Paris, dann Dortmund, Köln, Bonn, Düsseldorf und jetzt Berlin. Sie wurden von den nordafrikanischen Banden verdrängt, weil diese besser ausgebildet sind. In Berlin ist seit damals der Teufel los bzw. der Taschendieb. 40.000 Fälle in Berlin, 168.000 Fälle in ganz Deutschland sprechen für sich. Die Dunkelziffer ist wohl viel, viel höher. Zehn Mal höher wird gerechnet. Aufklärungsrate 0 4 %. Die Verdienstspanne ist enorm. Eine Dreiergruppe bringt es auf 200 bis 300 Euro pro Kopf und Tag.

Der Ţîră schirmt den Dieb ab, und die anderen beiden teilen sich das Klauen auf. Der Eine rempelt an, dann kann der Dritte „abfischen".

An Rolltreppen ist es am einfachsten. Einer hält die Rolltreppe an, muss also nur auf den Knopf drücken und sie stoppen. Das verwirrt die Leute. Und genau in diesem Moment beklaut einer der beiden das Opfer. Bis zum Anhalten der Rolltreppe stand er dicht dahinter und dann, zack, zack und die ausgesuchte Person wird „abgefertigt."

Diese Leute werden meistens in Iaşi als Taschendiebe ausgebildet. Fangen teilweise mit acht, neun, Jahren an, sind dann drei, vier Jahre mit den Erwachsenen unterwegs. Diese zeigen ihnen, wie es geht. Wenn sie so weit sind, gehen sie auf Europatournee. Sie werden europaweit verteilt, mit Autos, mit Taxen, mit Bussen, sogar mit dem Flugzeug. Die meisten der Roma Rumäniens, die große Mehrheit, lebt entweder von der Bettelei oder vom Diebstahl. Leider ist die Abwanderung in den Westen zwecks Stehlen ein Teil ihrer Normalität. Aber das vor dem Hintergrund, dass es für sie keine Alternative gibt. In Rumänien haben sie einen schlechten Ruf. Es gibt einen weit verbreiteten Hass auf die Zigeuner in der rumänischen Gesellschaft, weil man ihnen allein die Schuld am schlechten Image Rumäniens zuschreibt.

„Die Roma klauen alle", sagen die Rumänen: „Roma sind Diebe und darum werden alle Rumänen ebenfalls als Kriminelle betrachtet." Sie sind straff organisiert, arbeiten perfekt zusammen und sind dementsprechend erfolgreich. Es werden Unterkünfte besorgt, die Örtlichkeiten aufgeteilt und wenn bestimmte, vorher festgelegte Summen erreicht sind, dann wird erst mal Feierabend gemacht. Anschließend werden die Gelder an Mittelsmänner übergeben, die dann wiederum die Geldbeträge ins Ausland transferieren. Dafür ist Western Union zuständig. Hier wird das Geld einbezahlt und nach Rumänien transferiert. Wer das Geld wirklich bekommt, was für eine Funktion er hat, weiß man nicht, doch es ist meistens nur ein kleiner Fisch in diesem Spiel. Diejenigen die alles verwalten, treten gar nicht in Erscheinung. Wahrscheinlich ist, dass das Geld gerade einem weniger bedeutenden Mitglied der Organisation geschickt wird, um dem Wichtigsten die Anonymität zu sichern. Die wichtigsten Straftäter sind oft die Unbekanntesten. Im Vordergrund stehen jene, die von der Polizei gefasst werden. Die wahren Bosse sind im Hintergrund, und niemand kennt sie. Die sind es, die man finden muss.

Doch diese Leute im Hintergrund sind schwer zu fassen. Es war schon immer so. Sie fallen nicht auf. Weder durch zuviel Reichtum, durch schlechtes Benehmen oder übertriebene Medienpräsenz. Im Gegenteil, sie existieren nicht. Jedenfalls für die Ordnungskräfte. Natürlich ist da Korruption im Spiel. Rumänien ist das korrupteste Land am Balkan. Da hat sich im Laufe der Jahre nicht viel geändert. Leider. Dafür sorgen die Ex-Kommunisten, heute in der PSD Partei organisiert, die das Land wieder in die Steinzeit führen wollen. Davon träumt die Hälfte der Bevölkerung, nämlich alle jene, die über 50 Jahre alt sind. „Zurück in die Vergangenheit, ist besser und sicherer als die so genannten „Neuen Zeiten." Klar, in den dunklen Zeiten war Eigeninitiative strafbar und nicht erwünscht. Da diktierte einer dem ganzen Volk das Leben. Das durfte ihm dann beim Reich werden zusehen und zujubeln. Die Zensur tat den Rest. Von überall kamen schlechte Nachrichten und zufällig war es nur im eigenen Land gut zu leben. Das Gleiche versuchen die roten Barone auch in Zeiten des EU-Beitritts. Zum Glück gelingt nicht mehr alles. Die Leute sind viel unterwegs, sie sehen viel, erleben noch mehr und glauben den Regierungen nichts mehr. Das halbe rumänische Volk ist seit Jahren auf Reisen. Keine Urlaubsreise, sondern Arbeitssuche. In Rumänien sind die Gehälter so klein, dass man damit nicht einmal ein Viertel seines Lebens bestreiten kann. So sind die jungen, gebildeten Leute alle im Ausland und die Alten hüten die Enkel, Haus und Hof. Die Regierung dachte alles durchwinken zu können, was man für ein ordentliches Vermögen braucht. Der eine verkaufte den rumänischen Wald an eine österreichische Firma, der andere die eigenen Öl- und Gasvorkommen an die Russen, noch ein anderer sackte die EU-Hilfen für den Straßenbau ein. So sieht man überall Brücken herumstehen, zu denen keine Straßen führen. Das Geld für diese verschwand auf dem Weg aus Brüssel nach Bukarest.

Wenn viele klauen, heißt es nicht mehr stehlen, sondern: Arbeitsgruppe!

Doch, siehe da, das Volk beweist Mut. Früher hatten die Leute Angst zu demonstrieren, wurden entlassen, in Kerker geworfen, geschlagen usw.
In meiner Jugend protestierten wir auf unsere Art und Weise. Wir betranken uns auf Partys, sangen Dylan-Lieder und waren echte Hippies. Der Staat lachte sich kaputt und machte noch viel Umsatz dabei. Ich war selbst auch so ein stiller Wodkaheld. Im Rausch stark, nüchtern eher ein Feigling. Bei meiner ersten Demo in

Freiburg wunderte ich mich, dass die Demonstranten alle nüchtern waren. Als die „Schlacht" vorbei war, wusste ich auch, warum. Die mussten sich schützen vor den Knüppeln der rabiaten Ordnungsmacht. Ich war dazu nicht mehr imstande und lag zwei Wochen im Bett. Als ich wieder aus den Augen sehen konnte, wunderte ich mich, was für Wunden so ein Polizeiknüppel hinterlässt.

Ach ja, die restlichen Zähne, die mir die Securitate im Mund gelassen hatte, die waren auch weg. Ärgerlich, alles umsonst verloren. Die Pershings wurden trotzdem stationiert und sind noch immer da. Bloß interessiert es heute keinen mehr. Trump wird's freuen.
Anders ist es heute in Rumänien. Da gehen die Leute wegen jeder Lappalie demonstrieren. Es ist quasi der neue Massensport geworden. Es wird meistens gegen die aktuelle Regierung demonstriert und im Moment für Europa. Sie wollten die aktuelle korrupte Regierung durch eine andere korrupte Regierung ersetzen. Das ist ihnen schon ein paar Mal gelungen. Die neuste Regierungsmafia ist aber nicht nur korrupt, sondern auch noch unfähig. Die schlauen Demonstranten haben Humor, sie machen Witze darüber, sind gebildet und wissen was sie wollen. Aber es fehlt ihnen das Verbrecher-Gen der Politiker. Die haben es in dieser Alternativen-Fakten-Zeit – Trump Fakts – oder Fake news – besonderes leicht, die Leute zu betrügen.
Trotzdem macht das Volk es ihnen nicht zu einfach. Bildungsbürger ärgern sich wohl am meisten, wenn sie sehen, von was für Vollpfposten sie regiert werden. Dumm wie Brot, aber bauernschlau.
Man geht am Wochenende demonstrieren wie früher auf Partys. Es werden Treffpunkte ausgemacht und dann strömen wahre Massen durch die Städte Rumäniens. Freiwillig. Manchmal trifft man sich im Knast wieder oder in irgendeiner improvisierten Zelle. So wird dann doch noch gefeiert. Schließlich arbeiten die Leute hart und

haben kaum noch Freizeit, müssen also jede Gelegenheit dazu nutzen. Währenddessen versucht die Regierung ihre eigene Demo zu organisieren, ist aber bisher gescheitert. Sie leert die Heime, Gefängnisse und zwingt die staatlichen Angestellten zu „Unterstützerdemos". Das sieht ein wenig aus wie eine Irrenanstalt auf Wanderschaft. Die armen Leute wissen meistens gar nicht, warum sie da sind und laut rufen müssen. Alles wie früher.

Ich persönlich finde die „Rezist" Bewegung fantastisch. Das rumänische Wort bedeutet im Deutschen soviel wie: „ich halte durch" oder auch:„ich gebe nicht nach". Die Menschen wollen damit ihre Entschlossenheit zeigen etwas zu ändern und ihren Widerstand durchzuhalten. Dabei beziehen sie sich auch auf ein berühmtes Zitat des einstigen US-Präsidenten Thomas Jefferson:„Wenn Unrecht zu Recht wird, wird Widerstand zur Pflicht".

Alle die sich Abend für Abend auf dem Victoria-Platz in Bukarest und in vielen anderen Städten versammeln, haben die Mauscheleien der Politiker satt. Aus allen Parteien.

Die Leute sind wütend, weil elementare Werte dieser Gesellschaft von Politikern aller Parteien mit Füßen getreten werden. In diesem Fall der Eilerlass OUG 13, mit dem die neue Regierung die Korruption in Teilen straffrei gemacht hätte. Und sie erwähnt Politiker in wichtigen Führungspositionen, die vorbestraft sind oder gegen die wegen Bestechung ermittelt wird. Dabei ist diese Regierung erst seit Ende 2016 im Amt. Die Partei PSD hatte mit 45,4 Prozent deutlich gewonnen und erreichte zusammen mit der kleinen liberalen Partei ALDE eine komfortable Mehrheit im Parlament. Einem Durchregieren schien nichts im Wege zu stehen. Doch die Stimmung ist bei vielen Menschen eine andere, seitdem der Eindruck entstanden ist, die Regierung weiche die Korruptionsgesetze auf.

Ich persönlich bin völlig erstaunt darüber, was in Rumänien passiert. Die Mehrheit will ihr Land zurück. Diese klare Kante der Rumänen freut mich. Ich drücke die Daumen, dass sie ihr Ziel erreichen. Im Unterschied zur Türkei. Die hatte sich jahrelang bemüht `reinzukommen - ohne Erfolg. „Du kommst hier nicht rein!" sagte die EU und so wurde die Türkei einfach der Türsteher Europas. Bin gespannt auf die Rolle Rumäniens in dieser Gemeinschaft.

Letztens habe ich einen Bus-Fahrer verarscht, ich habe bezahlt bin aber bin nicht eingestiegen

Gefeiert wurde im Sommer 2016 auch in Hermannstadt. Vor dem *Römischen Kaiser*. Wir kamen aus dem Gebirge und wollten wissen, wo man sich abends trifft. Also gingen wir in Dieters „Büro" um nachzufragen. Der erzählte wieder einmal seine Witze. Es wurde laut gelacht. Die gute Stimmung erregte auch die Aufmerksamkeit eines Ehepaars, das zufällig vorbeikam. Ich sah wie der Mann auf Dieter zuging. Dieser sprang wie von der Tarantel gestochen auf, stellte sich mit dem Rücken zur Wand, steckte beide Hände in die Tasche und sah den Mann entschlossen an: „Ich hab kein Geld dabei. Bei mir ist nichts zu holen!"

„Oh, ich wollte kein Geld von Ihnen. Ich habe nur eine Frage: Wissen Sie wie viele deutschsprachige Menschen noch in dieser Gegend wohnen? Ich bin Universitätsprofessor aus Klausenburg und es gibt keine genauen Daten darüber. Da hörte ich sie deutsch sprechen und dachte ich frage mal nach..."
So erleichtert habe ich den Dieter schon lange nicht gesehen. Es folgte eine Stunde erregter Diskussionen. Man tauschte Adressen aus und machte Zukunftspläne. Alles in allem, ein schöner Nachmittag. Natürlich durften ein paar Witze nicht fehlen.
„Heute Nacht habe ich mich betrunken. Mann, ich war so

betrunken, dass ich auf meinem Gang zur Bar, wo ich mir einen Schnaps holen wollte, den 1sten Preis von *Let's Dance* gewonnen habe".

Dieter ist in seinem Element. Das hält noch beim Abendessen an. Wir sind im *Butoiul de aur* angekommen. Im *Goldenen Fass* ist immer ein Tisch für uns frei. „Ich glaube wenn wir zurück nach Deutschland gereist sind, macht der Wirt seinen Jahresurlaub, soviel hat er mit uns verdient." Dieter erzählt weiter Witze am Fließband:
Ein Amerikaner macht seinen Jahresurlaub in Rumänien. Bei einer Wanderung durch die Karpaten sieht er einen Schäfer der einen schönen Hund hat.
- Lieber Schafhirte, ich habe mich in deinen Hund verliebt. Ist der zu verkaufen?
- Nicht zu verkaufen.
- Ich biete dir 500 Euro.
- Nicht zu verkaufen.
- Ich werde dir 1000 Euro geben.
- Nicht zu verkaufen.
- Dann werde ich dir 2.000 Euro für ihn geben.
- Dieser Hund ist nicht zu verkaufen! Basta!!
Der Amerikaner geht unverrichteter Dinge weiter wandern.
Am selben Tag, kommt ein rumänischer Tourist und verliebt sich sofort in den Hund.
- Ich habe mich in deinen Hund verliebt. Verkaufst du den süßen Hund?
- Ja. Für 50 Lei, sagt der Schäfer.
Sein Gehilfe, der das Ganze beobachtet hat:
- Gut, gut, Chef, warum hast du ihn nicht an den Amerikaner verkauft? Der wollte dir 2.000 Euro geben und du hast ihn dem Rumänen für 50 Lei verkauft. Das verstehe ich nicht.
- Tja, glaubst du, ich bin dumm? Aus der Stadt ist der Hund heute Abend wieder da, aber aus Amerika eher nicht...
Wie nennt man einen übergewichtigen Vegetarier?

Biotonne

An dieser Stelle muss ich mich für einen Lapsus entschuldigen. Liebe Helga, lieber Dieter. Wir sprachen über den Klausenburger Pianisten Eugen Cicero und ich sagte fälschlicherweise, dass er die letzten Jahre in Donaueschingen gelebt habe. Entschuldigung, ich dachte an Poldi Reisenauer. Hatte am Vormittag mit Fabro über Poldis neue Big Band gesprochen und irgendwie an ihn gedacht. Ich schreibe das höchst offiziell in dieses Buch, um dem Spott meines langjährigen Partners Decebal Badila zu entgehen: „Wolfi, dass du Menschen verwechselst weiß ich ja, aber seit wann die Instrumente? Eugen hat Klavier gespielt und Poldi Trompete." Decebal Badila war die letzten Jahre, bis zu dessen Tod, Ciceros Bassist. Ich kann den Livemitschnitt aus Überlingen nur empfehlen. *Swinging Piano Classics*, 13. 12. 1996. mit Decebal Badila am Bass. Ich selbst bin mit ihm seit fünf Jahren auf Lesungen und kann nur sagen: Er ist und bleibt der beste Bassist Europas!

Sie: „Warum nennst du mich eigentlich Schatzi?"
Er: „Weil ich mich nicht zwischen Schaf und Ziege entscheiden kann."
Wenn Blicke töten könnten, wäre Dieter wahrscheinlich schon öfters einen qualvollen Tod gestorben. Seine bessere Hälfte, Helga, ist nicht erfreut über diesen Witz. Er schiebt nach:
„Es regnet seit Tagen. Meine Frau ist deprimiert und guckt ständig durchs Fenster. Ich befürchte, wenn es weiter regnet, dass ich sie 'reinlassen muss."
Einer geht noch: „Was ist der Unterschied zwischen Frauen und Nilpferden? Die einen sind fett und haben ein großes Maul, die anderen leben im Wasser."
Alle lachen.

Doch Helga lässt sich nicht lumpen: „Was macht eine Frau, wenn ihr Mann im Garten wild hin und her springt? Weiterschießen!"

„Meint die eine Frau zur anderen: Mein Mann ist so deprimiert! Darauf die andere: „Ja, ein Depp ist meiner auch. Aber prämiert wurde er deswegen noch nie!"

Dieter ist gut drauf. Das war nicht immer so. Es gab eine Zeit da war dem Dieter das Lachen vergangen und er war ziemlich schweigsam. Wahrscheinlich holt er im Alter alles nach, was er in der Jugend nicht genießen konnte. Er war bei einem Freund auf der Hochzeit Trauzeuge. Ich glaube es war 1972. Dieter entdeckte beim Parken den deutschen Pass des Bräutigams und schaltete schnell. Er fuhr einfach in Richtung jugoslawischer Grenze, um sich einen lang ersehnten Traum zu erfüllen: er wollte flüchten.
So eine Gelegenheit ergibt sich nie wieder...
Dieter und sein Bruder Walter sind beide Helden für mich. Sie hatten die Eier in der Hose und haben versucht, diesem furchtbaren Ceauşescu Regime zu entkommen. Während wir darüber geflucht haben, in Gefangenschaft zu leben, hatten wir uns eigentlich alle mit dem Kommunismus arrangiert. Die Brüder dachten nicht daran: „Ich versuche es solange, bis es mir gelingt!"
Rumäniens Sicherheitskräfte waren zu der Zeit skrupellos: Wer an der Grenze nicht erschossen wurde, musste mit Misshandlungen rechnen. So gut wie niemand schaffte es, dem Reich des Diktators Nicolae Ceausescu zu entrinnen. Also, ich kann mich nur an Athe erinnern, der es geschafft hatte, der Diktatur des größenwahnsinnigen Schuhmachers Ceauşescu zu entfliehen.

Dieter schaffte es bis zur Jugoslawisch/Italienischen Grenze in Richtung Triest. Ein Auffahrunfall hatte ihn zeitlich zurückgeworfen. In dieser Zeit hatte man auf der Hochzeit sein Fernbleiben mitsamt Auto und Pass bemerkt und nach langen Diskussionen bei der Polizei gemeldet. Diese gab es an die Grenzposten weiter und so wurde Dieter am letzten Grenzpunkt im Ostblock gefasst.

Pech gehabt. Verurteilt wurde er zu 30 Monaten: Von Mai 1972 bis Oktober 1973. Aber nach 16 Monaten wurde er wegen guter Führung entlassen. Wieder in Hermannstadt hielt er sich als Hosenschneider über Wasser. Ebenso sein Bruder Walter. Die Brüder schneiderten die besten Jeans in unserer schönen Stadt. Es gab keinen, der nicht zum Dieter ging. Die einzig „echten Lewis Jeans" kamen aus der Unterstadt und sahen besser aus als das Original. So waren wir modisch gekleidet und Dieter hatte wieder genug Geld für seinen nächsten Fluchtversuch.

Doch nur Walter versuchte es, Dieter blieb diesmal zu Hause. Er war verliebt. Helga, die Auserwählte hatte ihm wohl den Fluchtversuch ausgeredet. Dieter reiste erst im März 1977 aus und zog nach München. Hier angekommen musste er sein Abitur nachholen und so zog er für ein Jahr nach Würzburg, die Schulbank drücken. Mit dem Abitur in der Tasche zog er nach Göttingen, wo er fünf Jahre an der Medizinischen Hochschule Hannover Medizin studierte. Der Bub wurde Zahnarzt, mit einer eigenen Praxis in Augsburg. Also hatte sich die ganze „Mission" gelohnt. Vor allem, weil seine Ehefrau Helga ebenfalls Zahnmedizin studierte und auch seine geschäftliche Partnerin wurde. Sie reiste 1979 nach München aus, machte ihr Abitur 1980 in Göttingen nach und studierte anschließend an der LMU München.
Wie sagte ich noch mal? Dottore Dieter ist ein Held für mich. Spätestens nach diesem Schritt. Ob wegen dieser Zeitspanne die die beiden Unzertrennlichen nur kurz und räumlich trennen konnte oder trotzdem, es wurden zwei Kinder geboren, erzogen und dem Leben übergeben. Klingt einfach, ist aber schwer-wie der leidgeprüfte Autor dieser Zeilen aus eigener Erfahrung berichten kann.
Ich mag die Frau Doktor, die Helga. Auch ihre Schwester, die Luisa. Nette Leute. Helga meint, dass ich als kleiner Bub am Familienkiosk Süßigkeiten gekauft hätte, dass ich damals schon so eine Art

Stammgast war, ein Süßigkeiten-Junkie. Das kann gut sein, da sich der Kiosk im Zentrum von Hermannstadt befand, genau auf den „Brettern". Weil meine Mutter in der Nachbarschaft arbeitete, kann es sein, dass ich mein Taschengeld bei Helga ausgegeben habe. Ich persönlich kann mich nicht mehr an alles erinnern. Der Kiosk wurde von der Mutter mit ihren Kindern Helga, Luisa und Benny betrieben. Jeder in der Stadt kannte sie, weil fast alle Hermannstädter irgendwann einmal eine Pepsi, ein Eis oder andere Süßigkeiten bei ihnen gekauft haben.

Ich kann mich erinnern, dass Helga immer ganz schick angezogen war. Vor allem hatte sie immer echte Strümpfe an, solche mit Strumpfhalter und Bündchen. Das war natürlich auch ein Grund für mich, als junger Hengst öfter mal hinzugehen in der Hoffnung, dass sie sich bückte, damit ich einen Blick auf ihre sexy Figur werfen konnte. Erst Jahre später klärte sie mich auf, dass es keine echten Strümpfe waren, sondern normale Strumpfhosen, auf die sie mit schwarzer Tusche einen Strich gezogen hatten, damit es wie eine Naht aussah. Schlaues Mädchen.

Was steht auf dem Grabstein eines Mathematikers? – „Damit hat er nicht gerechnet."

Dieter, Klaus und Hermann stehen auf und gehen ein paar Schritte weiter, um zu rauchen. Die Stimmung ist nach wie vor gut, die Zigaretten scheinen auch zu schmecken.

„Wie alt bist du geworden?
Ich nähere mich den vierzig...
...aus welcher Richtung?"

Die haben ihren Spaß. Zu dem lustigen Trio gesellt sich eine junge Frau und verlangt drei Zigaretten: „Ich bin mit zwei Freundinnen unterwegs und wir wollen eine rauchen. Apropos, wollt ihr nicht..."

„Hey, bist du nicht das Mädchen, das mir neulich das Geld aus der Hose geklaut hat?"

„Nie im Leben!"

„Doch, doch. Du bist es. Ich bin mir sicher..."

Hermann sieht sie wütend an. „Hau ab, du Diebin..."

„Soll ich die Polizei rufen?" Hermann ist besorgt.

„Nein. Auf keinen Fall. Hör mal her schönes Mädchen. Ich geb' dir noch einen Hunderter, wenn du mir zeigst wie du es geschafft hast, mir das Geld unbemerkt zu klauen."

„Oh lieber Herr, das geht nicht. Das ist ein Betriebsgeheimnis, das darf ich nicht verraten, sonst gibt es Ärger. Aber ich kann Ihnen etwas anderes zeigen: Lust auf Sex? Sonst noch jemand in der Runde?"

„Nein danke. Wir sind alle zufrieden!"

„Ich verstehe den Dieter nicht. Wenn er das Angebot angenommen hätte, dann hätte er was für sein Geld bekommen, so hat er ihr das Geld geschenkt."

„Bist du verrückt, Wolfi? Dann würde er jetzt nackt vor dir stehen. Ohne Geld, Handy, Karten, Schlüssel, Auto und ..." Helga lächelt mich an, „ohne Ehefrau!"

Warum kann Trump schwimmen? – Weil er hohl ist.
Wieso geht er trotzdem unter? – Weil er nicht ganz dicht ist.

Die drei Damen sind in der Stadt sehr bekannt. Seit sieben Jahren machen sie Hermannstadt unsicher. Sie haben ihre Stammplätze und schrecken vor nichts zurück. Obwohl es fast täglich Beschwerden gibt, tut die lokale Polizei nichts dagegen. Wahrscheinlich ist Korruption, Erpressung oder Beteiligung im Spiel. Wer weiß das schon so genau.

„Ich!" Der Mann heißt Cornel und ist ein Freund von Brüderchen und mir.

„Es gibt nur einen, der die Diebe in Hermannstadt im Griff hat, das ist der Bulibaşa, der König der Zigeuner."

Der tapfere Cornel hatte sich mit diesen Damen angelegt nachdem sie einmal seinen Besuch aus dem schönen Deutschland beklaut hatten. Ab diesem Abend, hat er jeden gewarnt, wenn er das Trio sah. Da sich die

Leute jedes Mal automatisch an die Stellen mit den Wertsachen griffen, bemerkten die Taschendiebe, dass über sie gesprochen wurde und meldeten es dem Chef. Das passte dem Aufpasser, dem „Peşte" des Trios nicht und sie beschimpften Cornel deshalb jeden Abend aufs Übelste.

„Du machst uns das Geschäft kaputt, du Halunke! Das wirst du noch bitter bereuen. Wir wissen wo du wohnst, arbeitest und kennen deine Familie..."

Erst als er einen befreundeten Polizisten um Hilfe bat, ließen sie ihn in Ruhe, drohten aber weiter.

„Jedes Mal wenn sie mich sehen, schütteln sie die Faust, spuken in meine Richtung und machen eindeutige Zeichen."

Er erzählte mir auch die Geschichte vom Klaus und Adi mit dem Trio.

„Sie stehen nachts immer vor der Disco und suchen sich am liebsten die schwankenden, älteren Herren aus. Diese werden dann dementsprechend bearbeitet. Eines Nachts war das Opfer mein Freund Klaus. Nein, er wollte ihre Dienste nicht, er wollte nur etwas trinken und ein wenig Karaoke singen. Das Singen verging im gründlich, denn es verschwand seine Brieftasche mit sämtlichen Papieren, Karten und dem ganzen Geld. Zum Glück kannte Klaus den Bulibaşa gut und erzählte ihm, was ihm passiert war. Einen Tag später hatte er alles wieder außer dem Geld."

„Das Glück hatte ich nicht", sagt Adi, „mich haben die auch dort erwischt und ich Depp bin mitgegangen. Beim Beischlaf, ihr werdet es nicht glauben, während wir eine Nummer schoben, hat die Dame mir die Brieftasche aus der Hose gezogen, das Geld entsorgt und die Brieftasche wieder zurückgesteckt. Kaum zu glauben, ich habe nichts bemerkt. Das sind Künstlerinnen. Lange arbeiten die nicht mehr in dieser Stadt, bald trefft ihr sie in München wieder..."

Warum schaut Trump bei den Olympischen Spielen zu?
Weil er schauen will, wie hoch die Mexikaner springen können

Wir hatten Besuch bekommen. Besuch im Urlaub.
Aus England. Florians Schulfreund, der Daniel, hatte
sich das Wochenende frei genommen und war nach
Hermannstadt geflogen. Einfach so. „Ich mach das fast
jedes Wochenende. In London ist das Leben so teuer,
dass es für mich billiger ist, wenn ich durch Europa
fliege."
Jetzt wollten wir ihm die Stadt zeigen, vorher aber noch
etwas vom Wochenmarkt holen. Der bedeutendste Markt
für landwirtschaftliche Produkte ist der Zibinsmarkt.
Dieser ist besonders schön und bietet alles, was das Herz
begehrt. Die Produkte kommen direkt von den Bauern
aus der Region und werden von diesen auch angeboten.
Manche reisen von weit an und übernachten auf den
Markttischen oder in ihren Autos. Manchmal auch in
ihren Pferdewagen.

Die Buben wollten sich Siebenbürgen an einem
Wochenende ansehen. Das schaffen die nie im
Leben. Ich bin skeptisch. Schließlich ist es mir
in vierundzwanzig Jahren nicht gelungen, alles
zu sehen. Hermannstadt ist Ausgangspunkt für
Ausflüge in ganz Siebenbürgen und in die Karpaten.
Etwa das angebliche Geburtshaus Vlads III (alias Graf
Dracula) in Schäßburg oder Schloss Bran (Deutsch
Törzburg). Die sehr touristische, angebliche Burg
Draculas (was historisch wahrscheinlich Blödsinn ist),
ähnelt so sehr Bram Stokers Beschreibung seiner
fiktiven Dracula-Burg, dass man nach Törzburg muss.
O.k. Eine Geschichte muss nicht wahr sein, sie
muss nur gut erfunden – und vermarktet werden.
Interessanter sind die zahlreichen alten Kirchenburgen,
kleinen Bauerndörfer, Bauern mit Pferde- und
Eselsgespannen.

Daniel war nach dem Abitur in Mainz, nach Johannesburg in Südafrika „ausgewandert". Zum Studieren.

„Südafrika hat mich stark gemacht. Da wirst du zum Mann, egal ob du willst oder nicht!"

Ich hatte ihnen von den Dieben erzählt und ihnen geraten keine Wertsachen mitzunehmen. Die Jungs sehen heutzutage alle gleich aus, fallen höchstens durch ihre übernatürlich großen Uhren auf und die teuren Brillen. Von den Handys und Kopfhörern abgesehen. Florian und Daniel lachten mich aus.

„Ach, warum sollte man gerade uns bestehlen? Du siehst eher aus wie ein Penner und wir haben nichts Wertvolles dabei. Wird schon alles gut gehen…"

„… mein Vater hat den Hang zum Pessimismus…"

„… und zum Gigantismus…"

So wird man zum Mittelpunkt des Spottes, dabei hatte ich es nur gut gemeint.

„O.k. Dann macht was ihr wollt, aber passt auf. Vor allem auf die Pässe."

Nachdem wir das „Gesunde" eingekauft hatten, wollte ich noch zwei Liter Schnaps besorgen. Den bekommt man am Zibinsmarkt an der Käsetheke. Doppelgebrannten vom Hirten persönlich. Die Droge braucht er, sonst hält er es nicht aus, allein in der Natur. Nur Schafe, Bären, Wölfe und seine Frau. Ich kenne die Dame nicht, aber der Schnaps scheint gut zu wirken. Nach jedem Schluck wird sie schlanker.

Schöner. Sympathischer nicht.

Meine Leute haben Angst vor ihr und machen sich auf den Weg, um Honig zu kaufen. Da sehe ich plötzlich, wie ein kleiner Zigeunerbub meine Frau von hinten anspringt, ihr auf den Schuh tritt und als sie sich bückt, in die Tasche greifen will. Doch die Allerbeste hat gut zugehört. Die Tasche ist verschlossen und gesichert. Auch hängt sie an der Brust. Ihre Hosentaschen sind auch mit dem Reißverschluss verschlossen. Doch die schalten schnell, von vorne eilt ein zweiter auf die Allerbeste zu und hilft ihr wieder auf. Von allen Seiten strömen auf einmal „hilfsbereite" Menschen auf die drei zu. „Entschuldigen Sie, wir wollten das nicht. Brauchen Sie Hilfe?"

Es entsteht Unruhe. Die Buben schauen mit großen Augen in die Runde und bewegen sich nicht. Beide haben die Hände tief in den Taschen, halten automatisch ihre Wertsachen fest. Die Allerbeste drückt ihre Tasche fest an ihren Busen und ruft nach mir. Ich eile mit zwei Liter Schnaps, zwei Kugeln Burdufkäse und einem blöden Kommentar zu Hilfe.

„Haut ab", schreie ich auf Rumänisch. „Ich hole die Polizei!"

„Entschuldigung. Wir wollten nur helfen..." sagen sie und ziehen sich auf ihre Startplätze zurück.

„Glück gehabt", sagt die Honigverkäuferin, „die haben heute schon ein paar Touris erleichtert. Die sind bekannt hier. Fehlt Ihnen etwas?"

Die Allerbeste sieht glücklich aus.

„Nein!"

Eine der Pilzverkäuferinnen kommt dazu. Sie zeigt mir die Startplätze der Diebesbande.

„Die haben den Markt unter sich aufgeteilt. Wir haben das Pech, dass diese Leute hier bei uns ihr Unwesen treiben. Wir können nichts machen, wir haben Angst vor ihrer Rache. Letztens haben wir uns bei der Marktleitung beschwert und am nächsten Tag kam der ganze Clan vorbei und hat über unsere Waren Benzin geschüttet. Alles verdorben."

„Deine Leute haben gut reagiert", sagt die Blumenfrau, „die erzeugen Unruhe und nutzen das sofort aus. Sie brauchen nur ein paar Sekunden, dann bist du arm. Wer hier sein Meisterstück schafft, der darf in den Westen und wird reich. Anschließend kommen sie zurück und bauen sich einen Palast mit der geklauten Kohle..."

„Haha, mir haben sie nichts geklaut." Die Allerbeste strahlt.

„Dann schaut alle mal nach ob die Wertsachen noch da sind."

„Bei mir ist alles o.k. Papa." Mein Sohn sieht sehr erleichtert aus.

„Mir fehlt nur ein Päckchen Kaugummi, Wolfi."

Ich schaue zu meiner besseren Hälfte. Diese greift suchend in ihre Tasche und fängt an, immer hektischer zu suchen: „Also ich weiß nicht, wie er das gemacht hat. Ehrlich, er hat mich nicht berührt. Schließlich hätte ich jeden fremden Handgriff bemerkt! Das Geld ist weg! Keine Spur davon. Das Kaugummi auch. Und meine Sonnenbrille ist auch nicht mehr da. Zum Glück war sie vom Aldi. Er hat mich gar nicht berührt. Wie hat er das bloß gemacht?"

Der Witz ist wichtig im Alltag

Ich habe erfolgreich die Uni abgeschlossen! Günther 52, Hausmeister

Unter Ceauşescu erzählten sich die Rumänen Witze, um die Schrecken der Diktatur zu bannen.
Zum Beispiel: Was ist Sozialismus? In einem Raum eine schwarze Katze suchen und finden.
Was ist Kommunismus? Ein völlig dunkles Zimmer, indem man eine nicht vorhandene schwarze Katze suchen und finden muss.

In den dunklen Zeiten waren Witze ein Zufluchtsort für die kollektive Phantasie der Rumänen. In den Achtzigerjahren suchte die Revolte der Rumänen Zuflucht in Witzen, die sich über alles und jeden lustig machten: über das „Genie der Karpaten", die kommunistische Partei, über die Warenknappheit sowie über die Auswüchse eines Regimes, dass jeden Bezug zur Welt und zur Realität verloren hatte. Tausende Witze waren im Umlauf. Man erzählte sie sich nur mündlich weiter, um der offiziellen Zensur eines Landes zu umgehen, das von der Securitate, der grausamen Geheimpolizei der Diktatur, überwacht wurde. Nach dem Mauerfall kehrten die Rumänen zu Wohlstand zurück. Das Land verzeichnete ein durchschnittliches Wachstumsplus von 7 Prozent jährlich. Vergessen waren die Witze und der Spott. Für mich eine traurige Zeit. Die Zeiten standen auf Konsum; man hatte Lust sich das neueste Auto zu kaufen und den Konsum zu genießen. Doch Träume dauern niemals ewig. Die Realität holte die Rumänen ein. Die Landung war hart, sehr hart. Die Wirtschafts- und Finanzkrise in Europa zwang Rumänien zu Sparmaßnahmen, ein fruchtbarer Boden für ein Comeback der Witze, diesmal aber auf Kosten des ungezügelten Kapitalismus.

Ein junger Mann zieht in die Stadt und geht zu einem großen Kaufhaus, um sich dort nach einem Job umzusehen.

Manager: *„Haben Sie irgendwelche Erfahrungen als Verkäufer?"*

Junger Mann: „Klar, da wo ich herkomme, war ich immer der Top-Verkäufer!"

Der Manager findet den selbstbewussten jungen Mann sympathisch und stellt ihn ein. Der erste Arbeitstag ist hart, aber er meistert ihn. Nach Ladenschluss kommt der Manager zu ihm. *„Wie viele Kunden hatten Sie denn heute?"*

Junger Mann: „Einen."

Manager: *„Nur Einen? Unsere Verkäufer machen im Schnitt 20 bis 30 Verkäufe pro Tag! Wie hoch war denn die Verkaufssumme?"*

Junger Mann: „210.325 Euro und 65 Cent."

Manager: *„210.325 Euro und 65 Cent?! Was haben Sie denn verkauft?"*

Junger Mann: „Zuerst habe ich dem Mann einen kleinen Angelhaken verkauft, dann habe ich ihm einen mittleren Angelhaken verkauft. Dann verkaufte ich ihm einen noch größeren Angelhaken und schließlich verkaufte ich ihm eine neue Angelrute. Dann fragte ich ihn, wo er denn eigentlich zum Angeln hinwollte, und er sagte ,Hoch an die Küste'. Also sagte ich ihm, er würde ein Boot brauchen. Wir gingen also in die Bootsabteilung, und ich verkaufte ihm diese doppelmotorige Seawind. Er bezweifelte, dass sein Honda Civic dieses Boot würde ziehen können, also ging ich mit ihm rüber in die Automobilabteilung und verkaufte ihm diesen Pajero mit Allradantrieb."

Manager: *„Sie wollen damit sagen, ein Mann kam zu ihnen, um einen Angelhaken zu kaufen, und Sie haben ihm gleich mehrere Haken, eine neue Angelrute, ein Boot und einen Geländewagen verkauft?!?"*

Junger Mann: „Nein, nein, er kam her und wollte eine Packung Tampons für seine Frau kaufen, also sagte ich zu ihm: ,Nun, wo Ihr Wochenende doch sowieso langweilig wird, könnten Sie ebenso gut Angeln fahren.'"

Sorgen wegen morgen

Jedes Jahr beim ersten Sonnenstrahl
werde ich vor lauter Kummer kahl.
Doch die Problematik ist nicht neu,
frisst mir die Nächte auf, ohne Scheu.

Ich hab keinen Biergarten vor dem Löwen
und meine Gäste sehen lieber Möwen.
Deshalb gehen sie lieber an den Rhein
oder manchmal nach Hessen, an den Main.

Es ist erst März und die Leute liegen am See
sie freuen sich, ich klage nur: Oh nee!
Was mache ich dann im August?
Da frisst mich auf der blanke Frust!

So haben wir alle nichts zu tun
könnten uns eigentlich ausruh'n.
Wenn da nicht die Rechnungen wären,
wie soll ich ihnen das erklären?

Man kann nur zahlen was man hat,
es ist wie ein Auto ohne Kat.
Mit dem darf ich nicht in die Stadt 'rein,
ist verfahren, ich schwöre Stein und Bein.

Ich kann nicht schlafen in der Nacht,
die Gedanken quälen mich mit aller Macht.
Manchmal ist es purer Verzweifel`,
ich trink sogar Süßen, von der Eifel.

Nur um zu vergessen meine Sorgen
gibt es für mich wohl noch ein Morgen?
Was mache ich mit meinen Leuten,
Die mir alle viel bedeuten?

Was mach ich denn mit meinem Koch?
Der schnauft auch auf dem letzten Loch,
alle Glieder tun ihm weh,
Leut, *des Aldern is ned schee!*

Fragen über Fragen stell ich mir,
fand noch keine Lösung hier.
Das geht jetzt sieben Jahre so,
ich renn andauernd auf das Klo.

Denn das schlägt mir auf den Magen,
ich möchte auf keinen Fall versagen.
Muss meine Familie erhalten,
meinen Selbstverlag verwalten.

Ich habe schließlich Verantwortung,
muss behalten meine Selbstachtung.
Jetzt versuche ich es mit Dichtung,
neues Buch: Handlung mit viel Schwung.

Beim Schreiben kann man vergessen,
ist nicht mehr so versessen.
Doch die Sorgen kommen wieder,
machen dich wie immer nieder.

Alle freuen sich auf die Sonnenstrahlen
ich denke daran: was muss ich bezahlen?
Die Leute liegen in der Sonne, am Strand
nur ich sammel' Flaschen und hol das Pfand.

Kleinvieh macht auch Mist,
denke ich und hol ne Kist'.
Suche überall das kleine Geld,
komisch, wohin das immer fällt.

Jedes Jahr zur Sommerzeit sag ich:
„Leute, ich hör auf, jetzt ist es amtlich

hab keine Lust mehr, bin pampig".
Bei soviel Sorgen wird man schlampig.

Irgendwann ist dann der Sommer 'rum,
es kommt wieder mehr Wachstum.
Die Gäste sind aus dem Urlaub zurück,
meine Zuversicht wächst wieder ein Stück.

Was für ein Glück, es wird wieder kalt
und der Wolfi wird langsamer alt,
die Haare fallen nicht mehr aus,
die Leute gehen wieder vors Haus.

So strömen sie wieder rein zu mir,
vor Freude brüll ich wie ein Tier.
Wie ein Löwe halt so brüllt,
immer laut, offen, und nie verhüllt.

Probleme? Ach geh weg mit dem Scheiß.
Siehst du nicht meinen Schweiß?
Ich arbeite mich schon wieder tot,
ist doch alles wieder im Lot.

Denn dieses Buch hat mich gerettet,
hat mich richtig sanft gebettet.
Es ist ein Meisterwerk geworden,
wie's weitergeht? Sehen wir morgen.

Bald gehe ich in Rente,
ich weiß, das ist 'ne „Ente".
Natürlich bekomme ich kaum Geld,
so leicht räume ich nicht das Feld.

Und so fluche ich wieder bei Sonnenschein,
und trinke schlechten, süßen Wein.
Doch der versüßt mir meine Sorgen,
„Leute, kann mir jemand Geld borgen?"

Die Rente

Man schuftet das ganze Leben schwer,
weiß manchmal nicht, wo kommt die Kraft her,
bekommt man dann die Rente überwiesen,
reicht's grad für ein Paket Tempo, zum Niesen.

Dafür habe ich das ganze Leben schwer geschafft?
Es hat mich dreimal fast dahingerafft.
Für ein Trinkgeld, ich bin ganz baff.
Muss jetzt schaffen, der Alltag straff.

Sonst muss ich verhungern
in Bahnhöfen lungern.
Muss in Fußgängerzonen tanzen
denn es fehlen die Finanzen.

Dabei habe ich immer eingezahlt
und mir die Rente ausgemalt.
Es kommt ganz anders als geplant,
alles andere als charmant.

Die Renten wurden von Leuten berechnet,
die sicher haben sich verrechnet,
sie sind nicht darauf angewiesen,
deshalb wohl haben sie es gepriesen.

Sie haben eine üppige Pension
egal von welcher Religion.
Es interessiert sie einen Dreck,
„Ich geh dir an den Speck!"

Hast geschafft für ein paar Knöpfe.
Was sind das für Geschöpfe?
Wir stehen am vorletzten Platz
ach, was ist das für 'ne Hatz!

Die Frauen bekommen noch viel weniger,
schaffen lebenslang, sind viel fähiger.
Schickt diese rote Baronin Nales
am besten ins Moor, nach Wales.

Dann leben sie noch länger in Armut,
veräußern alles, auch das Perlmutt.
Haben nichts zu Trinken & zu Essen,
werden von der Gesellschaft vergessen.

Ihr habt die Trümmerfrauen beschissen!
Wo bleibt euer schlechtes Gewissen?
Immer auf die Kleinen, Armen schlagen,
die diese Gesellschaft auf Schultern tragen.

Diese Leute schuften bis zur Ohnmacht,
den ganzen Tag, die halbe Nacht.
Die nächsten Hürden denkt ihr euch aus,
und erwartet dafür auch noch Applaus.

Dann kommen solche Lügen raus:
„Die Rente ist sicher", sagte die kleine Maus.
Aus der Kasse hatte man schon längst genommen,
Proteste dagegen wurden nicht vernommen.

Weil es keiner wusste, denn alles geschah geheim
genau das finde ich so gemein.
Dieses ständige Lügen und Betrügen
bereitet mir wirklich kein Vergnügen.

Wie sagte mir eine schlaue Frau?
„Ich hab den Durchblick, mein Haar ist grau:
Wolfi, wenn ich im Rentenalter bin,
gibt's keine Rente mehr, schmeiß hin."

Rentner können sich nicht wehren,
nur ihre Altersarmut mehren.
Sie sind alt und abgenützt,
werden von niemand unterstützt.

Hey GroKo,

ich wundere mich, dass ihr noch Wähler habt,
weil ich den Ausverkauf der Renten kapiert hab',
ihr arbeitet nur noch für Versicherungen und Banken
und dafür muss ich euch noch danken?

Der Staat ist ein Trickbetrüger,
deshalb wohl erntet er Wutbürger.
Aus allen Schichten: Sozialbau, Haus und Schloss.
denn die Ungerechtigkeit ist groß.

Ich wander' nach Österreich aus,
da war ich ja früher schon zu Haus,
da gibt es die doppelte Rente
und dazu noch eine Spende.

Hier muss ich schaffen bis ich 100 bin,
am ersten Rententag macht es dann bling
und sie beerdigen dich in einer Kiste,
streichen dich glücklich von der Rentenliste.

Fußball in der Krise

Im Land des Weltmeisters blüht die Krise,
wer wagt für den Fußball die Expertise?
Bayern Dortmund und auch Schalke
spielten wie ein lahmer Falke.

Ja, wer hätte das gedacht,
dass es mal Probleme macht.
Einen Ball ins Tor zu schießen,
wo doch so viele Gelder fließen.

Ich bin kein Bayern-Sympathisant,
aber was Neuer macht, das ist brisant.
Der Mann ist scheinbar Handballtormann
und tritt nächste Saison bei THW Kiel an.

Wie eine Krake hat er alles gehalten,
hat die spanische Mannschaft gespalten.
Ohne seine „One man Show" wären sie 'raus,
er hat sich verdient den ganzen Applaus.

Trotzdem werden sie ausscheiden
und müssen die große Krise vermeiden.
Neue Trainer bringen auch nichts mehr,
an der Einstellung fehlte es leider sehr.

Die Realspieler haben sie überlaufen,
verdienen mehr, verlieren im Saufen.
Die Bayern gehen mehr auf Feste
und kaufen nur noch die Talentreste.

Das mit Dortmund tut mir sehr leid,
kein Offizieller sagte ihnen Bescheid.
„Ihr müsst spielen auch mit Splittern,
sonst müssen wir um unsere Kohle zittern".

Trotzdem gaben sie alles, waren schockiert,
schossen drei Tore, für mehr waren sie blockiert.
Ich denke in einer Woche kann man sich nicht erholen,
den CL-Pott werden sie wohl diesmal nicht holen.

Einst ging der Heidel weg aus Mainz,
sagte sich, „ich will weg vom Heinz".
Eigentlich heißt der Struz ja Harald,
wohnt in Gonsenheim, nah' am Wald.

Da ist das Leben sehr teuer,
und ohne Geld nicht geheuer.
Die Gier trieb sie auseinander,
jetzt kämpfen sie gegeneinander.

Die Blauen vom Fleischfabrikanten
sind eher ein Team von Musikanten.
Sahen aus in Holland, wie echte Verlierer,
was sind das bloß für kuriose Spieler?

Verdienen viel Geld in einer Krisenregion,
sieht aus als wäre es eine Fremdenlegion.
Zusammengekaufte aus aller Welt
wissen nicht wohin mit ihrem Geld.

Ähnlich ist es auch bei der Mainzer Mannschaft,
die haben verloren ihre ganze Kraft.
Im Europapokal 'ne schlechte Figur gemacht,
halb Europa hat über sie gelacht.

Anschließend kam ne Bruchlandung,
jetzt warten & hoffen alle auf die Wandlung.
Die Fans sind so was von Spitze,
schreien, klatschen, werfen hoch die Mütze.

Doch das beeindruckt die Mannschaft nicht,
sie spielen als hätten sie die Gicht.

Im Tor haben sie einen Fliegenfänger,
der hat andauernd große Hänger.

Man merkt, dass der Schweizer Trainer
früher Autos repariert hat, im Container.
Sympathisch wie er nun mal ist,
bekommt er sicherlich noch eine Frist.

Doch wenn am Samstag wieder verloren wird,
dann fliegt er und wird Schafhirt.
Oder er bläst das Alphorn in einer Band,
geht wieder in die Schweiz mit einem Stand.

Am besten der Klopp verlässt England
kommt wieder zurück ins Mainzer Land.
Denn hier ist und bleibt sein Zuhause,
Mann, was gäbe das für 'ne Sause.

So wie früher auf dem Theaterplatz,
dann singen wir wieder den bekannten Satz:
„Nie mehr in der zweiten Liga spielen!",
die nächsten Spiele bitte besser zielen!

Jetzt müssen dringend Siege her,
sonst spielen wir keine 1. Liga mehr.
Das fände nicht nur ich persönlich sehr schade,
dann kennt auch das Publikum keine Gnade.

Sogar der Stadionsprecher wurde krank,
wurde vor Sorgen wohl zu schnell schlank.
Jetzt drückt er die Daumen von der Ersatzbank,
der Klaus wird wieder gesund, Gott sei Dank!

So geht wohl noch mal alles gut aus,
bringt wieder Stimmung und 'Ruh ins Haus,
nächste Saison muss man was machen,
sonst gibt's vielleicht ein böses Erwachen.

Drum habt wieder Mut,
am End' wird alles gut!
Den Mutigen wird alles gelingen,
in großen und in kleinen Dingen.

„Nur der FSV" müsst ihr jetzt rufen
„Hundert Prozent Einsatz für unser Ziel" abrufen.
Vor allem in die Arena gehen
und hinter eurer Mannschaft stehen...

Am End' bleibt Mainz die Bundesliga,
Nur der Schmidt, der trainiert jetzt FC Riga.
Neues Problem:

Wohin ist überhaupt der Kaiser verschwunden?
Hat seine Frau schon wieder entbunden?

Hey Inge

du wirst echt schon 87 Jahre jung?
Ich dachte mein Gedächtnis hat einen Sprung.
Die Zeit ist so wahnsinnig schnell vergangen,
seit du hast dein Kind empfangen.

Das ist schon 61 Jahre her
soviel ich weiß, war es ganz schwer.
Und in meiner fernen Jugendzeit
war ich schlimm, es hat uns fast entzweit.

Doch wie gut, dass wir vergessen haben,
diese schwere Zeit, irgendwo vergraben.
Denn jeder Teenie hat es schwer,
die Säfte quälen ihn doch sehr.

Ich habe das erst nachvollzogen,
als ich selbst zwei Kinder hab erzogen.
Da sah ich, was du alles geschafft hast,
in Hermannstadt. Was für ein Kontrast.

In Deutschland ist das Leben leichter,
die Deutschen sind halt etwas seichter,
als Hermannstädter Sachsen,
die beim Tratsch über sich wachsen.

Schlechte Mäuler hatten sie schon immer,
geschwiegen haben sie nimmer.
Alles wurde zerredet und ausdiskutiert,
nebenbei noch auf den „Brettern" defiliert.

„Hast du gehört die Inge und der Wolfgang
wohnen jetzt beim Piko, der Sohn auf dem Gang.
Denn die Wohnung ist zu klein für fünf Personen,
es gibt kaum private Zonen."

„Egal, sagte das junge Ehepaar
wir wandern aus, echt wahr."
Wir fahren heim ins Reich,
nach Reutlingen: Unter die Eich!

Brüderchen Ingo verstand nur Eichel
und hatte schon am ersten Tag daran Speichel.
Sie kam aus Italien, die Schöne,
gab von sich ganz komische Töne.

„Andiamo Ingo!" schrie sie ganz laut
und wurde so fast seine Braut.
Doch gerade noch rechtzeitig
verschwand Ingo vorzeitig.

Benno, sein Hund weinte sehr,
hatte nun kein Herrchen mehr.
Er wandte sich an Tante Karin,
damals war sie noch Ungarin.

Der Jürgen pendelte täglich weit,
Inge ging in Horten zur Näharbeit.
Detlef wurde ein echter Schwabe,
Wolfi hatte eine schwere Aufgabe.

Er musste sich seine Braut noch holen,
sein Herz hatte ihm die Dame empfohlen.
Doch das erwies sich als sehr schwer,
denn der Staat gab sie einfach nicht her.

Sie war schön, jung und kostbar,
dafür musste man zahlen, bar.
Mit Hilfe vom lieben Gott und Konsorten
und Korruption an den richtigen Orten.

Sie kam dann in ihre neue Heimat,
bald folgte die geheime Heirat.

So ging sie zum Amt mit dickem Bauch,
in ihrer Hand einen bunten Strauch.

Schon bald kam Tania, das Schwesterlein.
Es folgte Florian-Herbert Klein.
Beide süß und wunderbar,
die allerschönsten, ist doch klar.

Doch wie Kinder halt so sind,
frech, und schneller als der Wind.
Die stolzen Eltern freuten sich sehr
die Großeltern noch viel mehr.

Sie kamen immer öfter zu Besuch,
stellten für'n Mainzer Visum ein Gesuch.
Imi zog sich einen roten Pullover an,
damit das Enkel sie besser sehen kann.

Jürgen, mit seiner lauten Stimme,
richtete diese wie ne Kimme
auf die Enkelchen ganz laut,
dass es diese aus dem Bettchen haut.

Alle freuten sich ganz arg,
die Großeltern zückten die Card.
Viele Geschenke wurden gekauft,
die Kinder leider nicht getauft.

Denn mit der Kirche steh'n wir schlecht,
diese Pfarrer sind nicht echt.
Sie wiederholen alles von einem Phantom,
also, auf keinen Fall ist das mein Patron.

Ich verbreite lieber meine eigenen Schriften,
mag lieber meine Unruhe stiften.
Da kommt kein Hauen & Stechen vor,
ich bin brav, gehe jetzt sogar in den Chor.

So schnell kann sich ändern ein Leben,
von gut nach schlecht bewegen.
Heute noch gesund und munter,
morgen schon fällt man die Treppen 'runter.

Deshalb bitte ich dich, liebe Inge Schuster
verfahre nach dem Göllner Muster.
Werde uralt, bleib gesund und fit,
dann bist du in Heilbronn der Hit.

Kommst mit 90 in die Heilbronner Zeitung,
die wollen dann von dir eine Anleitung:
Wie kann man in dem hohen Alter,
umlegen den Lebensschalter?

Dass man noch alles hat im Griff,
schnell schalten kann auf Angriff
und wortgewandt sich wehren:
Pikos Wein und Schnaps in Ehren
vom Ehemann gebraut, verzehren.

Und dass man dabei noch lachen kann,
Pikos Witze ziehen einen in den Bann.
Manchmal sind sie ordinär,
doch auch oft extraordinär.

Lachen verlängert das Leben,
es bringt einen zum Schweben.
Man vergisst die eigenen Gebrechen,
lebt ewig, das ist ein Versprechen...

Dorfleben

Caveau, Quartier, ich kann's nicht mehr,
danach *Zum Löwen*, ist echt schwer.
Aus der Altstadt in eine Dorfkneipe ziehn',
ist so wie vor den Ureinwohnern knien'.

Die sind nämlich sehr aufmerksam
und so willkommen wie ein Spam.
Ihren „Gardinen-Augen" entgeht nix,
die „Polizei anrufen", da sind sie fix.

Im *Quartier* da trieb die Berg ihr Unwesen,
an uns ist ihr Selbstbewusstsein genesen.
Sie schrieb alles auf, was so passierte
schickte es dem Amt zu, das sofort parierte.

Im *Caveau* da wohnte ein kranker Mann,
der schaute einen wie ein Irrer an.
Der schrieb sogar an den Bürgermeister
und rief auch sonst sämtliche Geister.

Wegen jeder Kleinigkeit wird angerufen,
ob einer falsch parkt, raucht auf den Stufen.
Wehe, wenn jemand laut lacht
oder gar unanständige Sachen macht.

Mal kam sogar das Militär
und viele Autos mit Sanitär.
Ordnungsamt, Polizei und Feuerwehr
und seit neustem gibt's 'ne Bürgerwehr.

Und neulich war ein Umzug im Haus,
da hatten sie die Stirn schon kraus.
Holten schnell die Handys 'raus,
was zu trinken, und ein wenig Schmaus.

Es war das monatliche Highlight zu sehen
wie sich die Mädels quälen, wie sie vorgehen.
Was? Der Sperrmüll nicht auf seinem Platz?
Dann beginnt sofort die wilde Hatz.

Schnell besprechen: „Wen rufen wir an?
Wer ist zuständig, wer ist unser Mann?"
Uns fehlen Daten von den Mädchen,
eigentlich schade, sind süße Häschen!

Aber die Couch, die hat da nichts zu suchen,
sie mussten doch den Sperrmüll buchen.
Da alles hier gut brennen kann.
Das Löwenpublikum zündet alles an.

„Wen rufen wir jetzt an? Wer ist zuständig?"
„Lieber Ehemann, ich bitte dich inständig,
ruf die Ämter und gib die Nummer vom Löwen an
wer macht hier den meisten Lärm? Der alte Mann."

„Aber er kann doch nichts für den ganzen Dreck."
„Mir egal, Hauptsache es gibt kein Schandfleck.
Ihm kann man's in die Schuhe schieben,
letztes Mal haben sich alle die Hände gerieben".

Endlich passiert hier mal wieder 'was
und wir alle haben unseren Spaß.
Das Rentnerleben ist so eintönig,
der Petzer ist doch immer König.

Klar, man kann sich nicht wehren.
Muss man seinen Verräter ehren?
Keine Ahnung, wer ist das Schwein,
das die Ämter schicken dem armen Klein.

„Sie haben sich sofort bei uns zu melden!
Und spielen sie nicht den großen Helden.

Sonst gibt es eine saftige Strafe für sie,
da gehen sie garantiert in die Knie."

„Sie sind bekannt bei uns auf dem Amt,
wir haben sie bisher gepackt in Samt.
Aber das wird jetzt ein Ende haben,
wir werden sie schleunigst anklagen."

„Ich weiß doch gar nicht, um was es hier geht,
wie die Situation im Hause steht.
Dafür gibt es einen reichen Vermieter,
eine Hausverwaltung, unser aller Gebieter."

„Fragt doch diese Leute, die helfen auch weiter,
lasst mich in Ruhe, ich bin hier der einzige Arbeiter.
Deshalb wohl habt ihr es auf mich abgesehen,
macht mich fertig, als wär's um mich geschehen."

Na ja, wo eine Kneipe ist da lachen Leute,
trinken, rauchen, unterhalten die Meute.
„Das alles stört uns alle soooo sehr,
das wollen wir in Zukunft nicht mehr."

Na ja, um die mach ich mir keine Sorgen
denn da wo ihr hinkommt heute oder morgen,
da herrscht ewige Ruhe und Stille,
da hilft kein Alkohol, TV oder Pille.

Da liegt ihr dann in einer modrigen Kiste
und schreibt sinnlos eine lange Liste:
Welche Ämter ihr alle anrufen wollt,
wen ihr euch als nächstes Hassobjekt holt.

Zum Glück gibt es da noch kein Wlan
ob es jemals klappt, keinen Plan.
Kommt aber sicherlich nach der Wahl, also bald,
auf den schönen Friedhof, mitten im Wald.

Missverständnisse

Kaum fährt man einmal fort aus Mainz,
da ruft der Koch an, Bier ist keins!
„Wolfi, alle Fässer sind leer,
Was machen? Pils gibt's keines mehr..."

Tja, dachte ich, schön dass der Rubel rollt!
Mann, wie oft hab ich das gewollt.
Die halbe Kneipe verflucht mich sicher,
nun hab ich nicht einmal mehr Licher.

Drum grübel' ich aus weiter Ferne,
hab meine Gäste doch so gerne,
will sie doch gar nicht dursten lassen.
Halt, da war noch Astra in Flaschen:
„Lass die Leute doch mal daran naschen."
Doch Pech gehabt, ich habe kein Lager mehr,
zu viele Einbrüche, alles ist leer.

Die klauen einem alles weg
und hinterlassen nur noch Dreck.
Nichts ist vor ihnen wirklich sicher,
im Keller ist kein einziges Licher.

Darum habe ich mich entschlossen,
und ihnen den Weg verschlossen.
Habe nichts mehr aufgefüllt,
sonst hätt' ich noch den Dieb gekillt.

Kauf nicht mehr auf Vorrat ein,
denn ich muss verraten sein.
Mancher Bub, das ist mir klar,
weiß jetzt wo der Vorrat war.

Aber dann am nächsten Morgen
habe ich noch ganz andere Sorgen.
Denn das Fass war dann doch voll,
ich weiß nicht was ich machen soll.

Heut' steh ich hier mit vollen Fässern
Gestern enttäuschte Gäste mit leeren Gläsern.
Was soll man da machen,
ist das noch zum Lachen?

Sie haben nicht nachgesehen,
was mit dem Bier ist geschehen.
Das erste schäumt doch immer,
mit solchem Personal: Nimmer!

Machen sich lustig über mich,
die halbe Stadt beschwerte sich.
Das Fass ist noch ganz voll, oh Schreck:
Ziehen meinen Namen in den Dreck.

Sind sich keiner Schuld bewusst,
ich hab's ja immer schon gewusst:
Sie wollen nicht in den Keller gehen,
um einfach so mal nachzusehen.

Schließlich muss man ja auch wieder hoch,
hat keine Puste mehr und schwitzt aus jedem Loch.
Da wollte ich mich auch verkriechen,
nach Angstschweiß tue ich nun riechen.

Denn am nächsten Tag kam es noch schlimmer,
ich dachte, Wolfi, das geht nimmer.
Der Zapfer kam zu spät zur Schicht,
„Wir frieren vor der Tür, das wolln 'mer nicht!"
Wie soll ich den Gästen in die Augen sehn?
Sie sollen kommen und nicht gehen.

Zum Glück holte Mainz dann einen Punkt
in München spielten sie sich wund.
Da waren alle gut aufgelegt,
und nur der Koch war aufgeregt.

Denn der Zapfer hatte am Abend vorher
„Ich muss mir soviel merken, das ist schwer",
den Kühlschrank offengelassen. Grünzeug kaputt.
Der Koch musste alles neu machen, daher die Wut.

Was fand ich auf dem Müll in zarter Eintracht?
Servietten & Zigaretten, ich dachte, es kracht.
Will er die Bude abfackeln? Alles ist aus Holz:
„Wir sind schnell da", sagte der Feuerwehrmann stolz!

Zum Glück wären alle schnell draußen gewesen,
doch deshalb sind meine Nerven nicht schneller genesen,
denn zu guter Letzt, ich kann's ja kaum fassen,
hat der gleiche Mann den Löwen unabgeschlossen verlassen.

Ich kann mich erinnern, vor genau sieben Jahren
hatte ich schon mal solch' Personal, es hieß Ruhe bewahren.
Damals verging mir jede Lust,
ich ging weg aus dem Quartier im Frust.

Jetzt bin ich wieder an dem Punkt angekommen,
ich explodiere bald wie ne Granate, werd' dann vernommen.
Muss ich dann in den Knast, lande ich sicher in der Kantine,
dann hau' ich dem Koch auf den Kopf, mit der Terrine...

Doch so denke ich manchmal hoffnungsvoll,
steh ich dann vor 'nem Richter, der versteht meinen Groll,
denn als Student war er auch mal Wirt,
zeigt unter der Robe sein Kneipen-Shirt
holt hervor einen guten, alten Schnaps,
gibt dem Wunderzapfer einen Klaps,
er soll sich beeilen, dass er alles begradigt,

und so werde ich hoffentlich begnadigt.
Bevor ich weiß, wie mir geschieht,
singt er mit mir ein fröhliches Lied,
schreiben wir ein Gedicht,
das glaubt man ja nicht,
Wir kommen vom Dichten,
zu den besten Geschichten,
daraus wird nun ein Buch … Huch!

Leute ich bin voller Wut

Leute, ich bin voller Wut!
Hey, das tut mir richtig gut.
Denn mit scharfem Verstand,
spielt man die Dummheit an die Wand.

Ich bin ein Realist,
manche sagen: Negativist
gebe mich nie zufrieden,
zu kämpfen hab ich' mich entschieden.

Hab' einen besonderen Blickwinkel auf die Welt
mit Kopf und Herz, ohne viel Geld.
Sehe sie mit anderen Augen,
würde am liebsten alles aufsaugen.

Doch ich fürchte, das kann ich nicht allein,
dafür bin ich viel zu schwach und klein.
Aber vielleicht kann ich jemanden wecken,
kann hier und da vielleicht anecken!

Möchte Menschen motivieren, sich zu engagieren,
helfen, kämpfen - die Welt neu sortieren.
Denn wer sich nicht für Gerechtigkeit einsetzt
verschwindet bedeutungslos, zu guter Letzt.

Günther „Günthi" Biro

Ich liebe Hermannstadt sehr. Auch wenn sich die Stadt seit dem Mauerfall sehr verändert hat. Es ist und bleibt meine Heimatstadt. An jeder Ecke kommen Erinnerungen hoch. Wo früher ein Restaurant war, steht heute eine Bank oder Kirche. Ich finde manche dieser Monstrositäten sehr hässlich, andere gelungen. Das Problem ist: Neu und Alt passt selten zusammen. So zum Beispiel das Geburtshaus meines Freundes Biro Günther. Das schicke Häuschen wurde verkauft und planiert. Jetzt steht da ein riesiges Hotel mit 12 Stockwerken. Grässlich. Golden Tulip Ana Tower. Wie das klingt! Da wurde wohl eine Ana in den Kerker geworfen und hat das nicht überlebt. So sieht es aus. Eine angrenzende Straße heißt „Str. Justiziei", die Gerichtsstraße. Passt ja. Ich hätte nie gedacht, dass auf diesem winzigen Grundstück so ein monströses Gebäude Platz finden würde. Wie die Hermannstädter es finden weiß ich nicht, wie die Nachbarn es finden, weiß ich: „Laut und geschmacklos". Die Einheimischen sind entsetzt. Sie wundern sich wohl immer noch darüber wie es gelungen ist, dafür eine Genehmigung zu bekommen. „Da wohnst du dein ganzes Leben in einer Top Gegend, und mit so einem Bau machen sie dir das Leben zur Hölle..."

Tja, der eine wird reich und glücklich, der andere reich und unglücklich. In der Schwimmschulgasse sind die Bewohner immer relativ gut betucht gewesen. Vor allem war früher die Luft sehr gut. Gesund durch den nahen Park. Ungesund für uns das Lokal *Bolta Rece*. Da spielte abends immer der Gimpel mit seiner Band. Dieser konnte nicht nur gut singen, sondern auch eine Flasche mit dem Boden in seinem Mund versenken. Den Sinn davon habe ich nie verstanden und es lieber umgekehrt gemacht, die Flaschen aber vorher geleert.

So trafen wir uns abends beim Günthi und glühten vor. Anschließend gingen wir in die *Bolta Rece* zum Tanzen. Vor der Bühne gab es eine Tanzfläche umringt von Logen, in denen sich auf schmucken Gartenmöbeln die Schönen Hermannstadts räkelten und die Männerwelt beobachteten. Deshalb gaben wir unser Bestes auf der Tanzfläche, um den Damen aufzufallen. Lustig war es immer bei *American Women*. Dieses Lied konnte Gimpel sehr gut singen. Das führte zu wilden Zuckungen und unkontrollierten Bewegungen bei den Tanzwütigen. Es sah aus wie wenn ein Haufen wild gewordener Hippies an einen Stromkreis angeschlossen wurden. Deshalb wohl gingen wir immer alleine, also ohne Frauen wieder nach Hause. Zum Günthi. Noch einen trinken. Das war natürlich billiger als im Lokal; den eigenen Wein und Schnaps vom Julius zu trinken. Günthis Vater war ein sehr netter Mann und seines Sohnes bester Sponsor. Denn die Zeiten waren schlecht. Es gab damals nicht viel zu essen und zu trinken in der glorreichen Zeit der Kommunisten. Die einzige Stadt, die gut versorgt war in Rumänien, war die Hauptstadt *Bukarest.* Da gab es alles in Hülle und Fülle: Wurst, Klopapier, Butter, Öl, Bier, Eier, Zucker, Fleisch und so weiter. Die lebten auf unsere Kosten wie im Schlaraffenland, dachten wir damals. Dass es nicht so war, sah man vor Ort. Auf den protzigen Boulevards standen die Leute Schlange vor den Geschäften um sich zu versorgen. Immerhin wusste man, dass es etwas zu kaufen gab. Die Einheimischen wussten oft selbst nicht, was es gab. So stellte man sich an und fragte erst danach: Was bekommt man hier eigentlich zu kaufen?

Bukarest. Eine Frau geht durchs Kaufhaus. Sie fragt eine Verkäuferin: „Sagen Sie mal, haben Sie hier keine Schuhe?" Die Verkäuferin antwortet: „Keine Schuhe gibt es eine Etage tiefer, hier haben wir keine Hosen."
Hermannstadt. Metzgerei. „Was haben Sie denn für

Fleisch?"

„Nur was man sieht!"

„Geben Sie mir dann ein Kilo von den Fleischerhaken."

Beim Günthi war es nicht so schlimm mit der Versorgung. Der Mann war fleißig. Er arbeitete schon ein paar Jahre beim Vermessungsamt und ging abends ins *Bruckental Gymnasium,* um sein Abitur zu machen. Tagsüber hielt er die Stange. Meistens in Dörfern in ganz Siebenbürgen. Wir profitierten alle vom weit gereisten Biro. Denn er brachte immer frische Lebensmittel mit. Die Bauern waren sehr dankbar für die Vermessung ihrer Grundstücke. Das machte sich bezahlt. So wurde der gute Günther Biro einer der ersten Kapitalisten im sozialistischen Rumänien. Der Mann konnte handeln wie ein echter Araber. Sensationell. Das sollte ihm vor allem nach dem Mauerfall nützlich werden.

Es gibt Menschen, denen begegnet man immer öfter im Leben. Man läuft sich immer wieder über den Weg und fühlt sich dabei so gut, als wäre man nie getrennt gewesen. So ging es mir immer mit dem guten Günthi. Wir sind zusammen aufgewachsen, sollten beinahe zusammen sterben. Es war der Abend beim schwersten Erdbeben 1977. Die 7,7 auf der Richterskala war auch in Hermannstadt so stark, dass es uns den Schnaps aus den Gläsern verschüttete. Mir gingen an dem Abend alle Bilder, viele Tassen und Teller kaputt. Egal, wir haben es überlebt. Es war einer dieser Abende, die wir zusammen bei mir in der Wohnung verbrachten. Ich war damals in der glücklichen Lage, alleine auf 90 Quadratmetern zu wohnen. Eine Rarität in der Zeit! Ich glaube, es war die glücklichste Zeitspanne in meinem Leben. Denn ich schrieb Geschichte.

Ja, Sie haben richtig gelesen.

Ich hatte damals einen Plattenspieler und einen Kassettenrecorder. Einen Philips. Hatte mir meine Mutter

Erdbeben 1977

aus Deutschland mitgebracht. Und Platten. Gute Platten. Deshalb war ich wohl in der Stadt sehr beliebt. Die Leute kamen in Scharen, um meine Platten aufzunehmen. Ich verlieh sie nicht mehr. Zuvor waren sie beschädigt zurückgekommen oder oft gar nicht. Deshalb mussten die Interessierten sich persönlich zu mir bemühen um aufzunehmen. Da gab es richtig viele Termine. Vor allem mit schönen Frauen. Es kamen die schönsten Frauen von Hermannstadt zu mir. Ich musste nichts anderes tun, als Platten abzuspielen. Natürlich war es auf die Dauer langweilig, stundenlang der Musik zu lauschen, deshalb vergnügten wir uns währendessen ein wenig. Passend zur Musik. Im selben Rhythmus. Blöd nur, dass wir mit Mikrofon aufnehmen mussten, weil wir die passenden Kabel nicht hatten. Die Dame kam mit ihrem Magnetofon oder Kassettenrecorder, schloss die Mikrofone an und stellte sie vor die Boxen. Dann legte ich die Platte auf und durfte anschließend 30 Minuten auf Tuchfühlung gehen. Da die Platten ganz neu und in Rumänien zu dem Zeitpunkt einzigartig waren, wurde die Aufnahme sofort weiterverbreitet. So wunderte sich der nächste Musikfreund, dass bei *Led Zeppelin* auf einmal ein Hund bellte. Das war der *Benno*, mein Hund, der sich über Günther freute, denn dieser spielte gerne mit ihm. Es kam zu einigen Missverständnissen mit Seltenheitswert.

„Hast du gehört, *Jim Morrison* kann Rumänisch! Bei *Riders on the Storm* schreit er im besten Rumänisch laut und deutlich: Es kommt mir!"

„Ja, die *Janis Joplin* ruft das auch. In Woodstock. Live, vor allen Leuten."

„Die *Stones* keuchen auch bei *Sympathy for the devil...*"

„Die von *Supertramp* haben auch eine neue Version von *School* herausgebracht. Beim Klaviersolo sind Sexszenen eingespielt. Einfach fantastisch!"

So hörte uns das ganze Land zu, wusste aber zum Glück nicht, wer dahintersteckte. Besser so, ich hatte keine Termine mehr frei.

Dieses Lotterleben war auf Dauer zu teuer. Obwohl Biro

und ich Ferienjobs und ein ordentliches Taschengeld hatten, mussten wir uns noch etwas dazu verdienen. Wir sammelten also bei jeder Gelegenheit Pfandflaschen. Vor allem in den umliegenden Dörfern waren es wahre Goldschätze. Die hatten nämlich keine Pfandstellen und waren zu faul oder zu blöd, um das Pfand abzuholen. So brachten wir an jedem Arbeitstag Rucksäcke voller Flaschen zurück. Blöd nur, dass man diese nur ohne Etiketten annahm. Unser Hauptproblem waren die Weinflaschen. Was für Klebstoff diese Leute verwendet haben, das wird wohl ein ewiges Geheimnis bleiben. So wie das hielt, musste es eigentlich echtes *Uhu* sein. Ich glaube, es war der gleiche Klebstoff, mit dem die Parteifunktionäre sich an ihre Stühle geklebt hatten. Das hält ewig. Anscheinend haben sie das Rezept auch an den Kohl und die Merkel verkauft. Wir kriegten die Etiketten nur mit Sand und einer Drahtbürste weg. Durch das ewige Reiben waren unsere Finger immer voller Blut. Deshalb hatte das Personal in den Geschäften Mitleid mit uns und bediente uns sehr zuvorkommend. Wir mussten nie Schlange stehen. Einmal hatten wir soviel gearbeitet, dass wir uns urlaubsreif fühlten und den Eindruck hatten: Wir haben einen Urlaub verdient! Deshalb fuhren wir ans Schwarze Meer.

Costineşti. Sonne. Salzwasser. Studentinnen. Schöne Studentinnen. Die hatten wir uns auch verdient.
Jedes Land, jede Region hat einen Ort am Meer der etwas bekannter ist. Einen Szene-Ort, wo sich die Jugendlichen, Intellektuellen oder Künstler des Landes treffen. Die Russen haben die *Krim*. Die Deutschen *Sylt*, die Spanier *Ibiza*, die Franzosen *Saint-Tropez*, die Bulgaren *Varna*, die Brasilianer *Rio* und wir hatten damals *Vama Veche* und *Costineşti*.
Wir lagen am größten Nudistenstrand Rumäniens und ruhten uns aus. Die Fahrt war lang und eintönig gewesen, das Bier warm und wir hatten Hunger. In der

Zeit gab es wenig zu futtern im Land, deshalb betäubten wir das Hungergefühl mit einem Schnaps. Unsere ganzen Hermannstädter und Klausenburger Freunde waren anwesend.

„Ihr könnt beim Preda wohnen, er erwartet euch schon!"

Die Bauern des Dorfes verdienten sich im Sommer ein gutes Zubrot, indem sie ihre Zimmer vermieteten und die Gärten zum Zelten freigaben. Sie selbst zogen zu ihren Haustieren in den Stall oder auf den Heuboden. So verdienten sie im Sommer ein kleines Vermögen für rumänische Verhältnisse.

Wir wohnten immer beim Preda und waren ihm wohlbekannt. Er freute sich auf uns: „Schön, dass ihr wieder da seid, ihr Buben. Es war so langweilig ohne euch."

Da konnte er ein Lied singen. Preda hatte zwei Seiten, ähnlich eines Mon Cherie. Die eine war –nüchtern– sehr nett und zuvorkommend, die andere –besoffen– aggressiv, zänkisch und verschlagen. Nach jedem Streich, den wir begangen hatten aber auch wenn wir selbst nicht schuldig waren, flogen wir 'raus. Am nächsten Tag suchte der gute Mann uns am Strand und holte uns wieder heim. Es war ihm langweilig ohne uns. Er verlor regelmäßig die Übersicht über seine Schlafgäste, blickte einfach nicht mehr durch, wer bei ihm wohnte. Das war auch schwer, weil vor allem die weiblichen Gäste täglich wechselten. Es war ein Kommen und Gehen wie am Bahnhof. Eigentlich mehr ein Kommen. Dementsprechend laut war es nachts. Ist ja klar, dass der gute Mann da durchdrehte.

„Das ist kein Puff hier! Was denken sich die Nachbarn?"
Nicht viel, bei denen spielten sich ähnliche Szenen ab. Die waren wohl cooler als der Preda. Einmal flogen wir für ganze drei Tage heraus aus dem Garten und mussten

am Strand schlafen. Irgendjemand hatte in seinen Brunnen gekotzt. Wer es war, konnte nicht ermittelt werden. Man konnte nur erkennen, dass seine letzte Mahlzeit irgendetwas mit Huhn gewesen sein musste.

Costineşti war in der Tat ein verschlafenes Dorf. Da war eigentlich nichts los. Aber am Ende des Dorfes stand ein Studentendorf für die Elite des Landes. Da gab's zu essen und zu trinken in Hülle und Fülle. Sachen, die wir gar nicht kannten. Mit Studentenausweis konnte man da hinein und fühlte sich sofort intelligent und der Elite zugehörig. Vor allem war man satt. Das Essen war günstig und auf Mensaniveau. Ausweise konnte man am Strand kaufen, natürlich echt. So echt wie die Erfüllung des Fünf-Jahresplans. Weil hier eigentlich nur die „besonderen" Schüler und Studenten Urlaub machen durften, merkte man uns gleich an, dass wir nicht dazugehörten. Kaum einer von uns sah besonderes „brav und fromm" aus, und als Parteimitglieder gingen wir auch nicht durch. Trotzdem dachten alle, diese schönen Buben mit dem komischen Akzent sind sicherlich Kinder von Parteibonzen. So wurden wir überall zuvorkommend behandelt.
Es gab mehrere Discos und Kneipen auf dem Gelände, ein Kino, eine Bibliothek und einen mit der neusten Musik beschallten Strand. Da lagen nur schöne Frauen auf ihren Handtüchern. Ein Schlaraffenland für junge, geile Männer wie wir. Hier bekam der Spruch: „Jugendliche dieser Welt, vereinigt euch" eine ganz andere Bedeutung.

Wir wohnten in einem Zelt, das wir im Garten aufgebaut hatten. Neben dem Hühnerstall und dem Maisfeld. Auf diesem graste unser alter Bekannter, der Esel Mutu (der Stumme). Dabei war er alles andere als stumm. Im Gegenteil. Jedes Mal, wenn er Günthi sah, gab er komische Geräusche von sich. Er freute sich. Die beiden waren gute Freunde. Ich dagegen hatte nicht so gute

Freunde unter den Tieren. Da ich nur einen Meter vom Hühnerstall entfernt schlief, war ich auf Kriegsfuß mit dem Federvieh. Ich hatte es vor allem auf ein Huhn abgesehen, das mich besonders nervte: Die melancholische Henne. Weil wir jeden Morgen nach Sonnenaufgang nach Hause kamen, konnte ich nie einschlafen. Dieses Vieh gackerte, als wenn es kein Morgen gäbe. Meistens gab's für sie auch keinen zweiten, sie landete im Kochtopf. Ich drehte jeden Morgen einem Huhn den Hals um, konnte aber trotzdem nicht schlafen. Irgendwie gackerten die alle um die Wette, waren alle sehr melancholisch. Vor allem sahen sie alle gleich aus. Wer konnte bei so vielen gleichaussehenden Viechern die Sängerin entdecken? Ich leider nicht. Während ich die melancholische Henne suchte, unterhielt sich Günther mit seinem Freund Mutu. Die hatten ein enges Verhältnis: „Er ist der einzige, der mir zuhört…"

Ich hatte auch ein enges Verhältnis zu Frau Preda. Die freute sich über das tägliche melancholische nun tote Huhn und verdiente ein Vermögen mit dem Geld, das ich ihr für die Tiere bezahlen musste. Ich hatte leider Pech und erwischte immer die falsche Henne. Irgendwann waren sie alle weg, die Polster hatten frische Federn, wir waren alle satt und wollten kein Hühnerfleisch mehr, als eines Morgens der Stall voll mit Gänsen war. Also dann lieber Huhn, als dieses fette Gänsefleisch.
Leute, die machten Krach!

Mir ging langsam das Geld aus, schließlich hatte ich die ganze Hühnerfarm aus *Costineşti* dezimiert und war jetzt an den Gänsen dran. Schlafen konnte ich trotzdem nicht. Günthi schnarchte wie ein … halt!
Das war doch das gleiche Geräusch? Das klang wie ein melancholisches Gackern. Ich hatte wohl die falschen Tiere geschlachtet.

Dieser Günthi war ein lustiger Kerl. Ich glaube, ich habe noch nie über und mit jemandem so viel gelacht. Er hatte immer einen flotten Spruch auf den Lippen und kannte die neusten Witze. Als wir zusammen beim Vermessungsamt jobbten, konnte ich manchmal die Stange nicht ruhig halten, so musste ich lachen. Es war ein feiner Job. Wir waren immer an der frischen Luft, bekamen gutes Trinkgeld, zu essen und zu trinken und wurden gut bezahlt. Johann unser Chef, war ein guter Kerl, kannte aber kein Pardon, wenn es ums arbeiten ging. Da jagte er uns über Stock und Stein, durch Flüsse und Seen, trieb uns auf Bergspitzen hoch und jagte uns in Täler und Schluchten. So kamen wir manchmal fix und fertig zu Hause an. Dann wurde geduscht und ab in die Stadt. Wir waren in dem Alter. Genau. Sie wissen schon. Immer auf der Suche. Günthi hatte seinen Party-Keller ausgebaut und hier hielten wir dann nachts auch die Stangen in der Hand, aber die privaten. Wir waren verliebt und hatten kaum Gelegenheit, dieses Gefühl auch praktisch auszuleben. Julius, sein Vater, sorgte regelmäßig dafür, dass nicht wirklich etwas lief. Da erwies sich die Hochzeit meiner Mutter als Glücksfall. Wir zogen zu mir. Was dann folgte, kann ich hier nicht beschreiben, hat aber jeder mindestens einmal durchgemacht. Der ganze Spuk hörte auf, als meine Mutter den lieben Günthi im Bett beim „üben" erwischte. Danach verloren wir uns etwas aus den Augen.

Die große Ausreisewelle hatte uns getrennt. Günthi war nach Deutschland ausgesiedelt. Ich blieb noch ein paar Jahre in der alten Heimat. Allein mit Brüderchen Ingo.
Doch auch unser Tag kam irgendwann und wir zogen nach Reutlingen zu Tante Karin. Wie der Zufall es wollte, wohnte Günthi nur fünfzehn Kilometer weiter, in Tübingen. Sofort verschaffte er Brüderchen und mir Arbeit. Ich durfte in einem Antiquitätenladen und zwei Kneipen arbeiten und Brüderchen in bzw. an

einer Italienerin. Das war eine schwere Zeit für uns. Von Heimweh geplagt, gestresst von Zukunfts- und Existenzangst, Probleme mit und in der neuen Heimat, hatten wir es schwer, uns zu orientieren.
Was sollten wir mit unserem Leben anfangen?
Wen sollten wir fragen?
Früher waren es die Eltern, die uns mit Rat und Tat zur Seite standen, doch die waren weit weg und hatten selbst Probleme. Die Geborgenheit der alten Heimat war weg, und die der neuen Heimat noch nicht da. Günthi war immer zur Stelle und half, wo er konnte. Er meldete sich periodisch und bot uns Jobs an. Ich kann mich erinnern, wie er uns bei meinen Eltern in Heilbronn besuchte und mir half, den Kopf über Wasser zu halten. Er war Bademeister in Löwenstein geworden und bot mir seinen Job an. Biro Günther als Bademeister! Baywatch in Löwenstein. Zu Deutsch: Fachangestellter für Bäderbetriebe. Der Traumjob schlechthin?
Na Prosit.

Günthi der nicht nur Schleppgriffe und Erste Hilfe konnte, sondern auch was von Abrechnung, Technik und Chlorwerten verstand. Er war eine Fachkraft geworden und hatte das kleine Schwimmbad in seiner Stadt gepachtet.
„Schlimmer *Job. Wenn es voll ist, erstickst du im Müll. Verschissene Windeln, Tabletten, kaputte Schuhe . komisch, was die Leute alles ins Freibad mitbringen!*"
Günthi konnte sich so schön aufregen. Und er klagte über Halsschmerzen.
„*Den ganzen Tag muss ich mit den Badegästen schimpfen:* Nicht vom Beckenrand springen! Hey! Schwimm anständig, Raus mit den Bällen!" Nicht vom Sprungturm pinkeln."

Das Erschreckende ist, da liegen hunderte Menschen um ein kleines Wasserloch und der

Bademeister muss auf diese Verrückten auch noch aufpassen. Günthi als Bademeister in Weiß. *Ganz in Weiß* saß er auf seinem Turm. Im Kino beobachtete der Bademeister mit einem Feldstecher das Treiben der Badegäste. In Löwenstein machte er Pommes und verkaufte Eis, Getränke und Süß-Saures. Er hatte Stress, denn nichts macht so schön hungrig wie Schwimmen! Aber wehe es sprang jemand vom Beckenrand. Dann war er sofort da. Der Günthi. Erst kam der Pfiff, dann kam er. Die armen Gäste! Günthi war ein gut aussehender Mann mit einem ansehnlichen Körper. Er kannte seine Pappenheimer und das Treiben am Beckenrand. Sie hatten vollen Respekt vor ihm, aber es hinderte sie nicht daran, die schöne Liegewiese zu vermüllen. Papierschnipsel, Plastiktüten, Eis-Stiele und Zigarettenkippen musste der gutaussehende Mann in Weiß am Ende des Tages entfernen. Jedes Mal, wenn ich heute meine Bahnen schwimme, wenn ich die kaputten Kacheln zähle, dann denke ich an Günthi. Der Mann in Weiß! Denn da, wo er früher thronte, da sitzt heute nur noch eine wasserscheue Aushilfskraft und spielt mit ihrem Handy.

„Am Abend weißt du, was du tagsüber getan hast", sagte er eines Tages und wechselte kurz darauf den Beruf. Er wurde Antiquitäten-Händler und ich verlor ihn aus den Augen. Wir waren mit Brüderchen nach Mainz gezogen und kümmerten uns um unsere Zukunft. Die sah damals so aus: Sport, Bierzapfen, Bedienen und wenn es die Zeit zuließ gingen wir auch in die Schule. Da es in Mainz keine Landsleute von uns gab, suchten wir uns einen lokalen Freundeskreis. Weil die Mainzer ein lustiges Völkchen sind, war das kein großes Problem. Brüderchen zog zu einer seiner Freundinnen und ich mit der Allerbesten in die erste gemeinsame Wohnung. Ich arbeitete damals im Quartier Mayence in der Altstadt. Im nahen Kirschgarten gab es einen russischen Antiquitätenhändler, der jeden Abend zu mir in den Keller kam. Ich weiß seinen Namen nicht mehr, weil ich ihn nie verstanden habe. Deshalb bin ich auch nicht sicher, ob er überhaupt Russe war. Er bestellte eine Flasche Wodka, schenkte sich ein Wasserglas davon ein, trank es auf einen Schluck aus, schrie Nasdarovje und warf das Glas einfach hinter sich ins Lokal. Die Gäste hatten sich daran gewöhnt. Der Gast, der es schaffte mir das Glas heil zu bringen, der bekam ein Getränk aufs Haus. So war es hinter diesem Mann immer voll. Alle wollten den „Brautstrauß" fangen. Dieser Typ war völlig durchgeknallt. Wenn er die Flasche fertig getrunken hatte, bestellte er sich zwei Taxis. „Eines für mich und eines für meinen Regenschirm!" Er war sehr beliebt bei sämtlichen Taxifahrern in Mainz und Umgebung. Bei uns auch: es gab immer viel Trinkgeld. Seine Geschäfte schienen gut zu laufen. „Ich habe einen zuverlässigen Lieferanten. Der bringt mir sehr wertvolle Sachen."

Dass dieser Lieferant mein Freund Günthi gewesen ist, das stellte sich erst 20 Jahre später heraus. Damals sahen wir uns sehr selten und für Telefonate fehlte auch die nötige Zeit. Ich wusste, dass er eine schöne, junge Frau kennengelernt hatte und deshalb zurück nach Hermannstadt gezogen war. Ein Pionier. Er war der Erste. Brüderchen folgte ihm. So hatte ich wieder einen Anker in Hermannstadt, Freunde die ich besuchen konnte. Deshalb sahen wir uns nach der Revolution wieder öfter. Günthi hatte jetzt eine Familie, einen süßen Sohn bekommen und eine sehr erfolgreiche Firma gegründet. Wir telefonierten öfter und machten Zukunftspläne für die Zeit danach, also fürs Rentenalter. Schließlich hatten wir noch ganz schön viele Streiche geplant, die wir uns für nach der Pensionierung aufgespart hatten.

Das letzte Mal, als ich Günthi sah, saßen wir im *Haller* am *Großen Ring*. Der ganze *„Philatelie Club"* war anwesend. Günthi kam mit seinem kleinen Sohn. Brüderchen Ingo mit seinem kleinen Sohn und ich ohne Kinder.
„Ich kann nur eine Viertelstunde bleiben, dann muss ich nach Hause mit dem Kleinen." Nach fünf Stunden kam seine Frau Diana die beiden abholen. Wir hatten uns in Diskussionen vertieft und nicht bemerkt, wie die Zeit verflogen war. So wie früher. Schön. Er hatte mir von seiner Arbeit erzählt: Die schlimmsten Kapitalisten sind die ehemaligen Kommunisten. Diese Turbokapitalisten kennen keine Gewissensbisse, haben keine Zweifel und gehen über Leichen. Wie sie früher im Namen der Partei die Leute ausnahmen, so trickreich und hinterlistig machen sie es jetzt im Kapitalismus. „Es geht ums Jetzt und Heute. Cash in die Hand. Früher ging es nur um die Zukunft. Deshalb wohl nannte man es Zukunftsmusik. Heute muss ich die vielen Bedürfnisse meiner Familie möglichst schnell befriedigen, sonst hab ich Ärger", erzählte ihm ein ehemaliger Parteibonze. Dieser ewige Konsum ist natürlich teuer. Das wusste

auch der gute Günther. Also setzte er sich eines Tages ins Flugzeug und flog nach China. Dort fand er viele gute Künstler, die ihm ihr Talent verkauften. Er importierte für die Neureichen, ehemalige Kommunisten, alles, was diese sich wünschten.

Alles ist möglich. Nach diesem Motto baute er seine Firma auf und wurde sehr erfolgreich. Er erzählte mir, dass jetzt auch Bestellungen aus Deutschland kamen, aber auch von reichen Westlern, die in Rumänien wohnten.

„Diese Leute sind gefährlich. Denen gefällt es im Westen nicht mehr und sie ziehen her zu uns. Sie sind glücklich in jedem nichtwestlichen Land."

„Westverdrossenheit?"

„Ja. Das Dumme ist nur, die kommen her und wollen Rumänien so verändern, dass es so werde, wie das Land im Westen, aus welchem sie gekommen sind..."

„... und wo sie so unglücklich waren!"

„Genau. Ich krieg das Kotzen. Die sollen sich dahin verpissen, wo sie hergekommen sind. Auf keinen Fall dürfen sie dieses Land in einen westlichen Abklatsch verwandeln."

„Wahrscheinlich sind sie froh, dass hier die Steuern nicht so hoch sind..."

„ ... klar, ein Steuer und Finanzparadies", sagt Günthi gequält. „Verflucht noch mal. Die machen uns krank. Ich will die vorhandenen Freiheiten und Freuden eines selbstbestimmten Lebens frei von Versicherungsdenken und Staatsdemokratie genießen und nicht diese integrierten Arschkriecher..."

„Kennst du das Zitat von Huxley?"

„Wer ist das denn?"

„Ein britischer Schriftsteller. Ich finde, er hatte recht, als er 1931 sagte: «Die perfekte Diktatur wird sich den Anschein einer Demokratie geben, einem Gefängnis ohne Mauern, in dem die Gefangenen nicht einmal davon träumen, auszubrechen. Es ist ein System der Sklaverei, bei dem die Sklaven dank Konsum und Unterhaltung ihre Liebe zur Sklaverei entwickeln.»

Das war meine letzte Begegnung mit Biro Günther und Brüderchen Ingo. Beide haben sich viel zu früh für immer verabschiedet, doch ich werde sie nie vergessen. Zuviel haben wir miteinander erlebt, gelacht, geweint und uns gefreut. Haben alles zusammen geteilt, Krisen gemeistert, hatten schöne und weniger schöne Zeiten, haben uns aber nie vergessen oder aus den Augen verloren. Seit ich das realisiert habe, verwandelt sich dieses Gefühl des Vermissens in einen dunklen, stechenden Schmerz, der alles andere ausblendet.

Ich bin frustriert und traurig, dass ich nicht loslassen kann, dass ich oft an Günthi denke und an seine Streiche, seine Witze, seine Art zu sein. Das fehlt mir. Als wir das Erdbeben überstanden hatten, kurz nach dem Knall, genau in diese beklemmende Stille hinein, sah er mich an, drückte mich und sagte einen Satz, den ich nicht vergessen kann:

„Mein Freund. Schön, dass wir das zusammen durchgestanden haben, ich laufe jetzt nach Hause und sehe nach meiner Familie!"

Mensch Elke

als ich dich das erste Mal sah,
wusste ich nicht, wie mir geschah,
irgendwie fühlte ich mich dir so nah.
Ohne dich besser zu kennen,
wenn ich dich hörte, begann ich zu flennen.

Einfach so, wie ein kleiner, hilfloser Bub,
ging ich täglich taumelnd in meinen Club,
bis du eines Tages vor mir standst, zum Greifen nah,
ich live in deine schönen blauen Augen sah.

Da wusste ich, es war um mich geschehen,
nach allen Seiten konnte ich mich winden und drehen.
Du kamst mit deinen Bands zur Frühschoppenzeit,
Valentine, A La Carte, Ladies Night, du kamst ganz weit.

Mit Decebal und Nimsgern warst du im Keller,
mein Leben wurde durch dich viel, viel heller.
Mit den Nightbirds hab ich dich auch gesehen,
sagte ich's schon? Es war um mich geschehen.

DisCover und B.O.N die kenn' ich noch nicht,
kann es kaum erwarten dich zu sehen im Bühnenlicht.
Ich weiß noch wie du dich verspätet hast,
die Zettelpuppe hat dir ein' Strafzettel verpasst.

So kamst du zu spät auf die Quartierbühne
ich forderte von der Beamtin Sühne.
Sie verpasste dir nicht nur Bußgeld,
sie machte aus dir auch einen Held.

Sie wollte dein Auto wirklich abschleppen,
mit all deinen Instrumenten, was für Deppen.
Doch das ganze Publikum hat die ausgebuht,
und sich nachher bei einem Bier ausgeruht.

Die Musik, die war so schön und leicht,
du hast uns alle im Herzen erreicht.
Das geht mir jetzt 35 Jahre gleich,
deine Stimme macht meine Seele reich.

Du machtest als Songschreiberin von dir reden,
wurdest ein Begriff für wirklich jeden.
Die Zeitgeist-Revuen in den Kammerspielen,
die hast du arrangiert, auf zu neuen Zielen.

Denn du hast große Angst vor Langweile,
deshalb wohl die Kulturgut* Anteile.
Jetzt bedienst du auch noch deine Gäste,
feierst Kultur- und viele andere Feste.

Eine feste Adresse ist es geworden,
im Internet wird es fleißig beworben.
Mit deiner „Jugendliebe", dem Roland
als Coolsville bekannt im ganzen Euroland.

Er ist anwesend bei allen guten Konzerten,
ist so geworden zum erstklassigen Experten.
Das nützt bei der Programmplanung,
davon hat er mehr als nur Ahnung.

Ihr habt euch einen Lebenstraum erfüllt,
habt den umgebauten Kuhstall in Talent gehüllt.
Die besten Künstler kann man sehen,
die sonst nur auf großen Bühnen stehen.

Fast alles ist ausverkauft und rappelvoll,
die Konzerte von hoher Qualität und glanzvoll.
Es gibt jede Menge Zuhörer aus der Umgebung,
das sorgt in der Gegend für deutliche Belebung.

Gute Gegend, nettes Ambiente, tolle Musiker,
gutes Publikum, zufriedene Zeitungskritiker,
da beide auf der Bühne stehen,
kann richtig gute Kunst entstehen.

Mit Liebe zur Musik lässt sich viel machen,
manchmal lasst ihr es auch richtig krachen.
Spielt auch mal „Highway to hell"
oder „Whole lotta love" ganz schnell.

Schön ist es wenn man alles kann,
auf der Bühne steht seinen „Mann".
Eine Stimme wie eine Nachtigall,
nach einem Wein auch wie France Gall.

Stimme, Gitarre und eigene Kompositionen,
das musikalische Rezept für viele Millionen.
Sogar die Coversongs sind originell,
ich erinnere nur an „Bad", kriminell!

Es geht mir nicht mehr aus dem Kopf,
jede Nacht hänge ich am Erinnerungstropf.
Das Konzert bei meiner letzten Lesung,
ein Beitrag zu meiner Seelen-Genesung.

Dafür auf diesem Weg noch 1000 Dank!
Elke und Roland, ihr seid 'ne wahre Bank,
für diesen gelungenen Abend auf der Bühne,
ich fühlte mich wie ein unbesiegbarer Hüne…

* www.daskulturgut.de

Warten auf Dracula

La Dracu – Dracula – Vlad Ţepes- Drăculea – Vlad der 3

Ganz schön kompliziert hört es sich an,
was man mit dem Namen des Fürsten machen kann.
Fest steht nur, dass er blutgeil war,
stets vor dem Tageslicht floh, ist klar!

Inbegriff des Schreckens war der Graf,
nachts aktiv, tags dann im Schlaf.
Doch ein Vampir, das war er nicht,
obwohl er regierte in Nachtschicht.

Das Oberhaupt aller Blutsauger aus Schäßburg,
wurde gekidnapped aus seiner Burg.
Verschleppt ins ferne Osmanische Reich,
das harte Leben machte ihn nicht weich.

Eine grausame Art eignete er sich an,
die später an seinen Feinden zur Anwendung kam.
Er wurde Fürst der Walachei, genannt der Pfähler,
so einen wünscht sich heute manch ein Wähler.

Denn der Typ machte kurzen Prozess mit seinem Gegner,
er spießte seine Feinde einfach auf, war kein großer Redner.
Anschließend ließ er sie als Abschreckung ausstellen
an den Stadttoren, großen Plätzen - Hauptsache im Hellen.

Dieser irre Typ aus der Walachei,
machte mit seinem Blick die Leute zu Brei.
Mit hasserfülltem Blick schritt er zur Tat,
pfählte am liebsten Menschen aus dem Kalifat.

Türkischen Gesandten befahl er die Turbane abzusetzen,
doch als die sich weigerten packte sie das Entsetzen,
denn er nagelte die Turbane fest auf deren Kopf
und hängte sie auf an ihrem Zopf.

„Es ist mein Fürstentum und mein Land,
Da mach ich was ich will, hier ist euer Pfand."
Ließ deren Körper pfählen bis auf die Köpfe,
die schickte er zurück. Arme Geschöpfe!

Das hörte auch Bram Stoker im fernen Irland,
der dem Grafen ein neues Leben erfand.
Dracula war geboren, als blutrünstiger Vampir.
Feinde: Knoblauch, Sonnenlicht und „Gott sei mit dir"!

Heutzutage ist es für Vampire besonderes schwer,
ihre Arbeit ist sehr gefährlich, ein ständiges Hin & Her.
Nach jeder „Mahlzeit" muss man einen AIDS-Test machen,
muss auf Entzündungen achten, vor allem im Rachen.

Auch die Einsamkeit ist ein großes Problem,
vom Liegen bekommt man schnell ein Ekzem.
Depressionen sind nicht selten in der Dunkelheit,
man hat Zeit, man denkt an jede Einzelheit.

Dracula schloss den Pakt mit dem Teufel, nicht mit Gott,
wurde ein unsterblicher Blutsauger, nachts nur flott.
Er machte Jagd auf Korrupte, Oberschicht und Verbrecher,
ließ sie strecken, die Haut abziehen, waren ja Gewaltverbrecher.

Wo bist du, Țepeș, du Herr der Pfähler? ist oft die Frage.
Manch einer wünscht ihn sich zurück, das erfordert die Lage.
Er würde Jagd machen auf Terroristen und Populisten,
hätte keinen Respekt vor Diktatoren und Kapitalisten.

Die heutige Lage ist undurchsichtig und kompliziert,
Dracula wäre als Türsteher hochqualifiziert.
Er besiegte die Türken, egal was sie machten,
Dracula gewann immer alle Schlachten.

Doch irgendwann erwischten sie ihn auf dem Feld,
1477 wurde er geköpft, zerteilt, der Sieger ein Held.
Sein Kopf in Honig konserviert und ausgestellt,
der Körper gepfählt, abschreckend zur Schau gestellt.

Wenn die Geschichte sich wiederholt,
denn die Welt ist echt in Not,
dann warten wir auf Draculas Auferstehung,
machen mit ihm eine europäische Begehung.

Die Beschimpfungen nehmen Überhand,
überall Hass, Gewalt und wenig Anstand.
Es gibt eine Sehnsucht nach der starken Hand,
bald stellen sie die Leute wieder an die Wand.

Der Weltfrieden ist stark in Gefahr,
das Positive, Gute macht sich rar.
Das Kapital, das braucht den Krieg,
Geld regiert und mehrt den Sieg.

Da wäre so ein Pfähler sehr von Nutzen,
der hätte alle Hände voll zum Putzen.
Könnte niemals ruhen, hätte viel zu tun,
der Welt würde es auf jeden Fall wohltun.

Der Fürst pfählte auch Diktatoren und Agitatoren,
war er doch ein gerechter Herrscher, ließ sie schmoren.
Gerechtigkeit mit einem Pfahl im Arsch,
das schreckt ab, bläst ihnen den Marsch.

Hoffen wir, dass bald so jemand auftaucht,
jung, gerecht, intelligent und unverbraucht.
Und mit spitzen Pfählen sich an die Arbeit macht,
und gewinnt für unsere Demokratie die Schlacht.

Gedanken

Die Gedanken sind frei, sie ändern das Leben,
hat man sie nicht im Griff, gibt's ein Erdbeben.
Dann versuchen sie neue Wege zu gehen,
fliegen umher und bleiben nicht stehen.

Sie suchen sich ein neues Heim,
ersticken ihre Konkurrenz im Keim.
Je klarer die Richtung und der Sinn,
desto schneller gleiten sie dahin.

Ein Gedanke war die Gleichheit der Leute,
für Kapitalisten keine Ausbeute!
Der Kommunismus erwies sich als sinnlos,
nach vielen Versuchen blieb er stimmlos.

Der Kapitalismus kaufte weltweit Gedanken
und wies alles andere in die Schranken.
Nur das schlaue Volk der Chinesen
sagte: an uns kann die Welt genesen.

Sie wollten die Gedanken des Volkes lenken,
an Veränderung war nicht zu denken.
Nur in den eigenen Parteitaschen der Kader
sammelten sich die Gewinne als Goldader.

Wer nicht mitspielt, wird einfach erschossen,
vor allem die Konkurrenten unter den Genossen.
So wird man irgendwann die Welt regieren,
durch Gedanken klauen und kopieren.

Das eigene Volk wird ausgebeutet und unterdrückt,
jede Revolution ist bisher missglückt.
Dieser Gedanke macht gerade die Runde,
den Ausbeutern schlägt bald die Stunde.

Immer stärker werden die Banken,
und ihre Gier bricht alle Schranken.
Bald werden sie sich wieder verzocken,
dann stehen wir alle nackt da, nur in Socken.

Diese Gedanken machen keinen Spaß,
logisch, dass dann aufkommt purer Hass.
So wird der Schuldige gesucht und auch gefunden,
es ist meistens der, der am meist geschunden'.

Und durch diese diversen Krisen,
dem Verlust sämtlicher Devisen,
will es wieder keiner gewesen sein,
wieder gibt's einen neuen Grabstein.

Gedankenlos wird man nie bleiben,
doch eine Revolution wird ausbleiben,
die Leute sind hier viel zu träge,
achten nur auf die eigenen Erträge.

Bleiben die aus, kommt das böse Erwachen,
und dann passieren wieder schlimme Sachen.
Die Gedanken sind frei und werden braun,
dann hat man sie gar nicht mehr im Zaum.

Stationen einer Freundschaft

Normalerweise rede ich alle Leute in Grund und Boden. Ist das meine Berufung? Wohl eher mein Beruf. Die Leute kommen in die Kneipe und wollen was erleben. Da in Mainz nicht unbedingt viel passiert, es eher ruhig und gediegen zugeht, muss ich für Chaos sorgen. Als Wirt musst du immer im Gespräch bleiben. Die Leute vergessen schnell. Also muss ich sie bei Laune halten, damit sie ihr schwer verdientes Geld bei mir ausgeben. Früher war es irgendwie einfacher, sich mit den Gästen zu unterhalten. Die Leute brauchten keinen Animateur. Da waren die Sorgen noch nicht so groß, der Außenminister konnte Englisch und hieß nicht Siggi, es gab kaum Populisten und die allgemeine Stimmung war etwas besser. Oder wir waren einfach jünger und nahmen das Leben auf die leichte Schulter? Wer weiß das noch so genau. Was ich genau weiß: Wenn sich einer zu mir an den Tresen setzt, dann muss ich wahrscheinlich auch mit ihm sprechen. Egal wie und in welcher Sprache. Basta! Da ich aber nie genau weiß, mit wem ich es zu tun habe, fange ich nur an zu reden, wenn ich weiß in welche Richtung es geht und er Gesprächsbereitschaft signalisiert. Es gibt nämlich Personen, mit denen kann man einfach nicht reden. Die nehmen alles so ernst, haben wenig Humor und können nicht genau unterscheiden, ob es eine Geschichte oder Wahrheit ist. „Das kann doch nicht wahr sein. Das ist doch völlig übertrieben und an den Haaren herbeigezogen..." So soll es ja auch sein! Man nannte mich schon in der Schule einen „Trombonisten". Das heißt auf Deutsch: ein Aufschneider. Ein Geschichtenerzähler. Ich muss zugeben, der Kern der Geschichten war eigentlich immer wahr, wirkte aber in meiner Version spannender als das Original. So konnte ich mich immer leicht in den Mittelpunkt reden. Das einzige Problem dabei war, nicht einmal die Hälfte stimmte. Deshalb musste ich nie lernen.

Ich erzählte den Lehrern einfach „meine" Version des Stoffes. Manchmal war die besser als das Original und die Pauker amüsierten sich. Nur bei der menschlichen Fortpflanzung machte ich Furore mit meiner Version. In der Schule kam es beinahe zu Körperverletzungen und ich wäre fast als Schwuler und Perverser in die Annalen eingegangen. Da hagelte es Vorwürfe und Beschwerden von den Eltern meiner Klassenkameraden und auch die Lehrer meldeten sich zu Wort. Einer, der es besonderes auf mich abgesehen hatte, war mein Sportlehrer. Der Herbert. Er war, Zufall oder nicht, auch der Schwimmlehrer meiner Mutter gewesen. Sie schwärmt übrigens noch heute, von „diesem schönen Mann"!

Er war Schwimmlehrer im Volksbad, in Hermannstadt und belehrte mehrere Generationen, wie man sich über Wasser zu halten hat. Als den Kommunisten das Wasser ausging und das Bad pleite war, wurde er unser Sportlehrer. Ein guter Lehrer. Ein sehr guter Lehrer! Für die anderen Schüler vielleicht. Nicht für mich! Das fällt mir aber erst heute beim Schreiben dieser Zeilen auf. Warum bloß bekam ich immer seine gefürchteten Sonderrunden? Warum bekam immer ich die vielen Liegestützen aufgebrummt? Warum musste ich die ganzen Kniebeugen machen? Ich war doch immer brav und loyal gewesen.

Tja, ich kam seiner einzigen Tochter, der Edda wohl zu nahe. Seit ich Vater einer Tochter bin, kann ich das sehr gut nachvollziehen. Man sieht jede „falsche Bewegung" als Aggression, als Anmache, und reagiert empfindlich. Manchmal sehr empfindlich. Die armen 15-jährigen Mofafahrer, die bei uns zu Besuch waren. Meine arme Tochter! Entschuldige, Tania! So muss es ihm mit mir ergangen sein, dem lieben Herbert. Ich war jeden Tag zu Besuch bei Edda. Wenn ich verhindert war, rief ich an.

Oft. Zu oft. Wohl zu oft. Natürlich macht man sich dann Sorgen. Was läuft da mit dem Wolfi? Ich war der schlimmste Schüler der 15er Schule, als werdender Hurenbock verschrien und ging keiner Party aus dem Weg. Wie auch? Ich war meistens der DJ! Sagen wir es so, wir waren ein Herz und eine Seele. Ich holte sie ab und wir gingen zusammen in die Schule. Da saßen wir anfangs auch in einer Bank, bis ich wegen „Konzentrationsproblemen" in die erste Bank versetzt wurde. Nach der Schule war noch lange nicht Schluss, da saßen wir noch stundenlang auf der Mauer vor ihrem Haus und redeten über Themen, über die man als Teenager so diskutiert. Kurz gesagt, wir waren gute Freunde.

Da die Konkurrenz nicht geschlafen hat, saßen nach einiger Zeit mehrere „Buben" auf dieser Mauer. Da war ich mit Herbert einer Meinung: Seine hübsche Tochter zog halt die „Männer" an. Irgendwann war dann klar, für wen sie sich entschieden hatte, und ich wurde der erste Liebhaber ihrer Cousine. Ab diesem Moment wurden die Turnstunden für mich überraschenderweise noch „intensiver". War wohl auch die falsche Wahl gewesen? Wahrscheinlich hatte sich die Familie kurzgeschlossen und „besprochen". Es war trotzdem eine schöne Zeit. Ich war der fiteste Mensch in Hermannstadt und Umgebung. Jetzt „terrorisierte" ich zwei Familien. Bei Edda war ich beinahe täglich. Sei es auf der Mauer vor ihrem Haus, in ihrem Zimmer oder abends im Partykeller. Da waren wir aber meistens nur am Wochenende. Jede Familie, die eine „Waschküche" oder einen größeren Keller hatte, baute diesen zur Partymeile um. Da konnte man dann alles tun, was man eben in der eigenen Wohnung nicht tun wollte bzw. konnte. Bei Edda im Haus wohnten so viele Menschen, dass ich bis heute nicht weiß wer zu wem gehört hat. Unten im Erdgeschoss wohnte Edda mit ihren Eltern, die Magdaoma mit ihrer Mutter, der Grießi, ein Kellner aus dem *Cibinul* und der Seppi. Das war der Onkel von Edda. Oben im Ersten Stock wohnte der Hannes, der auch mit mir in der Klasse war, mit seinen Eltern, Geschwistern und Großeltern. Diese wohnten in einem kleinen Kämmerchen. Auf dem gleichen Flur wohnten noch der Herr Bianu, eine rumänische Familie, die Croitorius, mit Sohn Adi und ein Schaffner der Rumänischen Bundesbahn C.F.R., auch mit Familie. Diesen traf ich in meiner Militärzeit auf meinen Heimatfahrten aus Arad nach Hermannstadt immer wieder. Darüber freute ich mich – es war ein Stück Jugend. Er freute sich auch, hatte ich doch immer einen Schnaps dabei. Das war damals die Motivation des kleinen Soldaten, um über den Tag zu kommen und die lange Zugfahrt zu überstehen. In dem Haus war immer viel Bewegung.

Und dann kam noch ich. Sie nannten mich „Skett". Ich grüßte immer sehr artig Grüß Gott. Doch daraus wurde mit der Zeit eben ein lässiges „Skett". Weil wir niemanden stören und uns den neugierigen Blicken entziehen wollten, zogen wir uns in den Partykeller zurück. Da konnte man tanzen, etwas trinken, rauchen usw. Was man eben als Jugendlicher so macht. Am Wochenende wurden tolle Feste gefeiert und während der Woche übte ich schon mal Deutsch, Mathe oder Englisch. Wohnraum für Teenies war damals selten. Jeder litt darunter. Man war nie alleine. Überall lauerte irgendein lästiger Verwandter, Nachbar oder Lehrer. Deshalb waren damals diese Keller sehr wichtig. Bei der Cousine gab's den Partykeller in der „Sommerküche", da konnte man sich auch zurückziehen. Es gab sogar ein Bett. Ein weiches Bett. Ein Schlaraffenland für 15-Jährige. Natürlich wurden wir erwischt und die Turnstunden wurden noch „härter". Eines Tages fiel die Turnstunde aus. Angeblich war unser Turnlehrer krank. Seine Tochter auch? Komischer Zufall. Also suchte ich sie nach der Schule auf. Alle Fenster waren verschlossen, auf Klingelzeichen reagierte niemand und auch von den restlichen Familienmitgliedern meldete sich niemand. Komische Geschichte. Nach vier Wochen sickerte die Nachricht durch: Edda war nach Deutschland geflüchtet! Einfach so. Ohne sich zu verabschieden. Ich war am Boden zerstört. Für mich begann eine traurige Zeit. Die Chefin war weg. Meine vertraute Freundin. Ich war erschüttert und einsam. Schwere Zeit. Ich wusste aus den wenigen Briefen, die zu uns „durchkamen", dass Edda in Mainz Sport und Englisch studierte und uns ein paar Jahre nicht besuchen durfte. Die meisten Siebenbürger Sachsen die inoffiziell in den Westen ausgereist waren, hatten Angst, zu Besuch zu kommen, da sie als Flüchtlinge Probleme mit der Securitate, dem Rumänischen Geheimdienst befürchteten. So sahen wir uns ein paar Jahre nicht mehr. Der neue Sportlehrer versuchte auch, mich zu zähmen, schaffte es aber nicht. So gab er die Stafette weiter an meinen Handballtrainer Martini:„Der Wolfi muss bald zum Militär, da wird er sicher ruhiger werden. Die Wehrzeit hat noch alle gebändigt!"

Da irrte der gute Mann sich gewaltig. Am Anfang war ich wirklich still und brav. Ich hatte so oft die Gasmaske auf, dass mich sowieso niemand verstand. Also schwieg ich lieber. Bis die Grundausbildung vorbei war. Dann konnte ich beim Teller spülen in der Kantine erzählen. Das kam sehr gut an. Weil die meisten Soldaten 16 Monate nicht nach Hause fahren durften, hatten sie Heimweh. Ich erfand „Heimatgeschichten" und erzählte jedem, was er hören wollte. Meine erfundenen Geschichten waren spannender, als das Leben selbst. Irgendwann entwickelten meine Kollegen Superkräfte, da sie an diese Geschichten glaubten. Sie ahnten nicht, dass alles ein Experiment war. Die Grenze zwischen Realität und Fiktion verschwamm. Als der eine Tellerwäscher-Kollege besoffen von der Brücke sprang um nach Hause zu schwimmen, immerhin 348 km, hörte ich auf mit dem Kram. Dass ich dem neuen amerikanischen

Präsidenten zur Wahl verholfen haben soll, das ist ein Gerücht. Ehrenwort. Ein Fake! Einem anderen Kollegen hatte ich eingeredet, dass er ein Gigolo wäre und unserem Hauptmann jederzeit die Frau ausspannen könnte. Der Versuch scheiterte, er verschwand auf eine Großbaustelle nach Bukarest. Unser Problem war damals der Mangel an Sex. Wir alle hatten zu viel Bewegung und zu wenig Sex. Das förderte die Fantasie. Deshalb hatte mein Hauptmann wohl irgendwann genug von meinem Quatsch und ernannte mich zu meiner großen Überraschung zu seinem persönlichen Referenten.

Das hieß auf gut Deutsch: Ich war ab sofort sein persönlicher Sklave. Ich durfte ihm die Hemden bügeln, manchmal auch die Unterhosen, die Hasen füttern, Schuhe putzen und den Mantel bürsten: „Bei der Arbeit darfst du ruhig deine Geschichten erzählen. Am liebsten wäre mir wenn du mir von Hermannstadt, da kenne ich mich aus." Hauptmann Brennnessel, er hieß wirklich so, hatte die Offiziersschule in Hermannstadt abgeschlossen. Eine Straße von meinem Geburtshaus entfernt. „Da sind wir immer in dem schönen Park auf der Bank gesessen und haben unsere Freizeit genossen ..." Stimmt. Leider. Genau vor unserem Haus lungerten diese geilen Böcke immer herum und haben unsere schönen Mädels angebaggert. Auch meine Freundinnen wurden von den Offiziersschülern blöd angemacht, wenn sie zu Besuch kamen. Deshalb war ich von diesem Typen nicht so begeistert. Ich kannte ihn ja damals nicht, konnte ihn mir aber sehr gut vorstellen, in seiner Rolle als Stalker. Diese eingebildeten Lackaffen waren bei den Mädels in der Tat sehr begehrt, da sie gut verdienten und einen bombensicheren Job hatten:„Ich liebe eure Mädels. Sie sind so nett, gebildet, hübsch und sehr intelligent." Mit der Zeit rückte er 'raus mit seinem Geheimnis. Er hatte sich in seiner Hermannstädter Zeit in ein Mädchen verliebt. „Wir haben uns im Strandbad kennen und lieben

gelernt. Ich kann sie einfach nicht mehr vergessen."
Sie hieß Monika und war vor ein paar Jahren nach
Deutschland ausgewandert. „Leider darf ich keinen
Kontakt zu Monika haben, sie ist ja jetzt ein Klassenfeind
und die rumänische Sprache hat sie sicherlich auch
vergessen..." Hauptmann Urzica, so hieß er übersetzt,
die „Brennnessel" hatte mit diesem Geständnis bei mir
gepunktet. Dem Mann musste geholfen werden. Also
machte ich folgenden Vorschlag: „Genosse Hauptmann,
ich kann Ihnen sicherlich helfen. Geben Sie mir eine
Woche frei und ich bringe Ihnen die Adresse."

Das meinte ich natürlich nicht ohne Hintergedanken. Zu
der Zeit war es schwer nach Hause zu fahren. Vor allem
dauerte die Fahrt sehr lange und lohnte für ein
Wochenende nicht. Der Zug war langsam, die Straßen
schlecht. Es gab in den 16 Monaten für jeden Soldaten
das Recht auf 12 Tage Heimaturlaub. Klar, dass ich heiß
drauf war, aus diesem Loch herauszukommen und sei es
nur für ein paar Stunden. Über die Zeitspanne entschied
der direkte Vorgesetzte, also in meinem Fall der
Hauptmann   Brennnessel,   dieses   Pflänzchen.
Ich durfte dann tatsächlich für fünf Tage nach Hause
fahren und „ ... wenn du zurückkommst bringst du mir
zusätzlich zur Adresse noch eine Stange Zigaretten, am
besten Kent, einen Jack Daniels und für meine Frau ein
paar Strumpfhosen mit." Das waren damals die wahren
Zahlungsmittel in der rumänischen Bakschischwirtschaft.
Damit konnte man gut überleben, es öffneten sich alle
Türen. Auch für einen Offizier. Ich fuhr stolz und glücklich
nach Hause und dachte gar nicht mehr daran, ihm zu
helfen. Doch die Zigaretten brachte ich ihm mit. Die
Adresse nicht. Deshalb wurde er böse: „Sasule (Sachse),
wenn du nochmals dein Haus sehen willst, bringst du mir
die Adresse, sonst mache ich aus dir den besttrainierten
Soldaten dieser Einheit ..." Diese Drohung nahm ich sehr
ernst. Ich hatte keine Lust auf Kniebeugen, extra

Lauftouren und Sondertraining wie in der Schulzeit, deshalb versprach ich ihm hoch und heilig, die Adresse seiner großen Jugendliebe zu bringen und durfte wieder nach Hause. „... wenn du zurückkommst, bringst du mir zusätzlich zur Adresse noch zwei Stangen Zigaretten, am besten Kent, einen Jack Daniels, einen Martini Dry und für meine Frau ein paar Strumpfhosen mit. Über Parfüm und Lippenstift würde sie sich sicherlich auch freuen..." Unglücklich und nachdenklich fuhr ich nach Hause und dachte angestrengt darüber nach wie ich ihm (und mir) helfen konnte. Ich wusste, Capitano Brennnessel würde irgendwann ernst machen und ich landete wieder als menschlicher Geschirrspüler in der Küche oder bei der Eliteeinheit. Also besorgte ich ihm, was er bestellt hatte, und streute in der Hermannstadt das Gerücht, ich hätte mich unsterblich in Monika verliebt. Leider sei sie nach Deutschland gefahren und ich zum Militär. Da alle diese große Liebe retten wollten, erhielt ich in der Tat von Edda eine Adresse aus Freiburg im Breisgau. Es passte alles, die Zeit der Ausreise, die Beschreibung und der Name. Also musste es „seine" Monika sein. Er ging ab wie eine Rakete. „Sasule, jetzt übersetzt du meine Briefe, die ich ihr schreiben werde und wehe du sagst ein Wort zu irgend jemandem." Für ein Einzelzimmer und monatlich fünf Tage Urlaub erklärte ich mich bereit, dieser schweren Arbeit nachzugehen. Ich musste auch nicht mehr bügeln, nur noch die Hasen füttern und mich ansonsten nur noch mit schönen Liebesbriefen beschäftigen. Mit Hilfe meiner Phantasie schrieb ich ab diesem Tag einen Liebesbrief nach dem anderen. Während die Kollegen Teller spülten, saß ich in meinem Zimmerchen und schrieb heiße Liebesbriefe an die mir unbekannte Monika. Er gab mir täglich seine Briefe zum Übersetzen und ich musste jeden Tag zur Post gehen, um sie abzuschicken. Deshalb musste ich mich Zivil anziehen und auf Schleichwegen in die Stadt marschieren, um die Zensur der Garnison zu umgehen. So konnte ich das gastronomische Angebot der Stadt kennenlernen und manchmal sogar ins Kino oder Theater gehen. Es ging noch eine Weile hin und her. Ich war wieder einmal von Brennnessel mit einem langen Einkaufszettel nach Hause geschickt worden und lungerte vor dem Intershop in Hermannstadt herum, um jemanden für den Einkauf zu finden, als ich einen blauen VW Käfer mit Mainzer Nummer vor dem Hotel erblickte. Am Steuer saß Edda. Mann war ich glücklich! Das war ein Wiedersehen! Sie hatte die Spendierhosen an und besorgte mir alle Dinge vom Wunschzettel für meinen Hauptmann. Das Wiedersehen wurde natürlich mit einem Fest gefeiert, dass ich bis heute nicht vergessen habe. Ich hatte einen Kollegen mitgenommen, der auch ein paar Tage Urlaub bekommen hatte und wegen des langen Weges eine Tagespause eingelegt hatte. Den musste ich natürlich zu dem Fest mitnehmen und deshalb Zivilkleidung ausleihen. Der arme Kerl hatte noch nie in seinem Leben Lewis-Jeans gesehen, bzw. angezogen. Auch die Mädels, die er auf der Party kennenlernte, hatten es ihm angetan. Das Ende für ihn war bitter. Er wollte nicht mehr nach Hause, weigerte sich meine Klamotten auszuziehen und war über beide Ohren verliebt. In alle anwesenden Mädchen. Bis zum Ende unserer Militärzeit schwärmte er von dieser Nacht. So musste ich jetzt für zwei Verrückte Liebesbriefe schreiben. Doch der Capitano kam immer seltener zum Diktat. Er musste ins Manöver, Krieg spielen und „seine Feinde" wurden scheinbar immer besser.

Mit mir hatte er aber nach wie vor große Pläne: „... wenn du aus Hermannstadt wieder zurückkommst, bringst du mir noch fünf Stangen Zigaretten, am besten Marlboro, eine Kiste Jack Daniels und einen Kassettenrekorder von Sony mit. Grüße von meiner Frau. Sie war nicht zufrieden mit den letzten Strumpfhosen. Auch das Parfüm und der Lippenstift waren nicht so gut. Sieh' zu, dass es diesmal besser wird." Ich überbrachte seiner Frau die Strumpfhosen persönlich. Sie passten perfekt! Ihr Mann wurde an die ungarisch/rumänische Grenze versetzt und musste die nächsten Jahre unser Land vor Eindringlingen beschützen. Vor allem musste er diejenigen aufhalten, die in den Westen wollten, also das ganze Volk. Ich wurde mit zwei Monaten Verspätung entlassen, da wir noch schnell die Kartoffelernte einbringen mussten. Das war mir damals aber völlig egal – Hauptsache frei! Frei fühlte ich mich auch in Mainz. Wir waren mit Brüderchen in dieser lustigen Stadt gelandet um unser Abitur nachzuholen. Eigentlich hätten wir in Frankfurt am Main aussteigen müssen, aber da wir einen Abend vorher einen sehr feuchten Abschied gefeiert hatten, verschliefen wir unser Ziel und wachten erst in Mainz auf. Weil mir Edda viel über die Stadt erzählt hatte, fand ich die Bewohner irgendwie sympathisch und wir entschlossen uns hier zu bleiben. Sie war die erste Person, die mir von Mainz erzählt hatte. Sie hatte mir von der Mainzer Uni erzählt, von den die legendären Festen im Inter, hatte mir die Altstadt beschrieben, die Fastnacht erklärt, über den Rosenmontagszug und vom Johannisfest berichtet. Es war mir alles so vertraut. Dass ich Jahre später im Quartier Mayence landen würde, ihrer Stammkneipe aus der Studienzeit und es hier zwanzig Jahre aushalten würde, das war wirklich Zufall. Ich konnte mich damals nicht mehr an den Namen erinnern, aber der Beschreibung nach war es genau diese Kneipe: Sonntags Jazz-Frühschoppen. Als Gäste viele Studenten und Künstler. Altstadt! Leute, ich erkannte alles wieder. Sogar ihren Freund aus der Studienzeit, einen Taxifahrer, meinte ich zu erkennen. Dieser studierte zu der Zeit Jura und finanzierte sich so sein Studium. Sein bester Freund, der Tom, wurde so was wie unser Haus-Maskottchen, wegen seinem großen schwarzen Hut, den er immer aufhatte und weil er täglich da war. Man konnte die Uhr nach ihm stellen. Edda wohnte zu der Zeit in Freiburg, hatte ihren Jugendfreund geheiratet, zwei süße Jungen geboren und suchte einen Job als Lehrerin. Diesen fand sie in Winnenden und so zog die junge Familie nach Mühlacker. Leider verloren wir uns dann etwa zwanzig Jahre aus den Augen. Doch man lief sich immer mal wieder über den Weg. Zufällig trafen wir uns in einem Sommer in Hermannstadt wieder, beim Festival des Schnapses, in Răşinari. Da war auch Vincent dabei, der eine Sohn, den ich nur als Baby kannte. Als ich ihn das erste Mal sah, dachte ich mich tritt ein Pferd. Ich fing sofort an, automatisch Kniebeugen und Liegestützen zu machen, lief den Berg hoch und runter. Ich dachte, mein Turnlehrer persönlich steht vor mir. Er sah seinem Großvater so ähnlich, dass ich Gänsehaut bekam und sofort topfit war. Sein Lachen habe ich immer noch in meinem Gehörgang. Wir sahen uns ab diesem Tag öfters. Ich flog wegen meines rumänischen Buches und eines Theaterstücks oft nach Klausenburg, der junge Mann studierte hier Medizin. Er ist ein sehr guter, angenehmer Zeitgenosse und wie ich höre, heute ein sehr guter Arzt in Berlin. Es war eine schöne, leider kurze Zeit. Sogar bei meiner Lesung und Buchpräsentation war er mit seiner damaligen Freundin dabei. Leute ich war stolz, er spricht besser Rumänisch als ich und ich habe immerhin 24 Jahre in dem Land gelebt. Dieser Kerl hatte, obwohl im Schwabenland geboren, Rumänisch gelernt und sich zu einem Medizinstudium im Land seiner Eltern entschlossen. Respekt!

Keine meiner Freundinnen ist mir so oft über den Weg gelaufen wie die Edda. Zufälle gibt's immer und überall, aber wir Menschen scheinen nicht dazu gemacht, in Wahrscheinlichkeiten zu denken oder die Existenz des Zufalls zu akzeptieren. Wir geben den Dingen immer einen Sinn, und wenn sie keinen zu haben scheinen, dann suchen wir so lange, bis wir einen finden – selbst wenn der gar nicht vorhanden ist.

2015, genau 44 Jahre später, feierten wir wieder zusammen Silvester in meinem Lokal *Zum Löwen*. Mit dabei: Tom, das Ex-Quartier-Maskottchen, der Ex-Stamm-Taxifahrer der 80-er Jahre und Edda, meine wiedergefundene Jugendfreundin aus Hermannstadt. Warum? Keine Ahnung! Sicher Zufall...

Vorortmenschen

Jetzt habe ich genug.
Überall hört man die Rasenmäher durch die Gärten düsen.
Sie sind wohl schon zurück aus Afrika. Es ist der erste schöne, warme Tag ohne Regen. Eigentlich war es ja zu erwarten. Du wirst erdrückt und verrückt. Überall Lärm. Das arme Gras. Am schlimmsten sind diese verfluchten Rasentrimmer. Die machen ein ähnliches Geräusch wie ein Zahnarzt-Bohrer oder dessen chirurgische Fräse. Bei dem Geräusch habe ich Dauerzahnschmerzen.
Das arme Gras...
Der arme Wirt!
Aus dem Haus gegenüber hört man eine Bohrmaschine. Seit Tagen.
Nebenan, auf der linken Seite, schneidet einer sein Kaminholz mit der Motorsäge. Seit sieben Uhr morgens. Ohne Pause.
Ich kauf mir auch eine und werde mich mit ihm duellieren. Am liebsten würde ich ihm die Hände absägen. Ohren scheint er ja keine mehr zu haben.
Diese Leute waren noch nie im Wirtshaus. Wenn doch, dann in einem das um 20 Uhr schließt und wo der Wirt um 22 Uhr im Bett liegt. Dann erträgt er auch den Lärm ab sieben. Oder verursacht ihn selbst. Die Profis mit ihren Presslufthämmern tun nur ihre Arbeit, das habe ich nach langer innerer Überwindung irgendwie akzeptiert, aber die Wochenend-Hobbygärtner mit ihren teuren, lauten Geräten, die hab ich gefressen.
Es war schon immer so.
Weil es mir in der Stadt zu laut wurde, versuchte ich es in einem Vorort mit mehr Lebensqualität. Der Miete nach muss es eine einsame Insel gewesen sein. Am Anfang jedenfalls war es auch schön ruhig. In Bretzenheim wohnte ich in der letzten Häuserreihe vor dem Feld. Da kam der Bauer mit dem Traktor nur ab und zu

vorbei, dann wusste man: schnell die Fenster schließen, der versprüht Gift. Dann war's vorbei. Wenn man zuviel von dem Gemüse kaufte und verkochte, konnte es auch schnell vorbei sein mit der eigenen Gesundheit.

Seit dieser Zeit bin ich etwas unsicher geworden und weiß nicht mehr so genau, was ich noch essen kann. Also, Spargel auf keinen Fall. Was der Typ da versprüht hat, muss sehr giftig gewesen sein. Kein Vogel mehr in der ganzen Umgebung, keine Mäuse und alles welk im Umkreis von ein paar Metern von diesem Acker.

Wahrscheinlich deshalb verkauften die Bauern ihre Äcker nach und nach an „Investoren" und blühten danach wieder auf. „Unser" Bauer nicht. Der hatte wohl eine Fuhre zu viel versprüht und ging eine Woche nach Baubeginn „ein".

Diese sogenannten Investoren stampften eine Reihenhaussiedlung nach der anderen aus dem vergifteten Feld und siehe da: Ich wohnte wieder in einer Stadt.

Die Häuser stehen so nahe nebeneinander, dass man sich durch die Fenster die Hand reichen kann. Die sogenannten „Gärten" sind so klein, dass nur zwei Handtücher darauf passen. Da empfinde ich es als Hohn, wenn die Bewohner mit ihren Rasenmähern ihren „Teppich" trimmen.

Damals merkte ich auch, dass es nur noch Geräte mit Motoren gab. Lauten Motoren. Auch bemerkte ich, dass anscheinend jeder zum Gärtner geboren ist und das auch beweisen muss, denn sie kauften sich alle dieses neue „Kriegsgerät". Anscheinend gab es auch hier eine Konkurrenz: wer hat den Lautesten.

Es wurde laut. Sehr laut.

Normalerweise habe ich nichts gegen Lärm. Ich produziere in meinen Kneipen selbst genug Lärm, höre laute Musik mit viel Bass, habe eine laute Stimme und rede gerne und viel. Viel zu viel. In meiner alten Heimat, im rumänischen Kommunismus, durfte es keine Ruhe geben. Alles musste immer in Bewegung bleiben, deshalb gab es auch offiziell keine Ruhestörung. Arbeit. Arbeit, Arbeit. Der Fünfjahresplan erfüllt sich nicht von alleine.

Doch da hatte ich eine gute Idee. Ich schenkte jedem dieser Hobbygärtner etwas Spezielles. Leider wurden meine Geschenke von allen Nachbarn höflich ignoriert.

Klar, keiner kann noch mit einer Sense umgehen, die meisten kannten das Gerät gar nicht. Der Spaten war ihnen zu mühsam und den Fuchsschwanz hatten sie noch nie in der Hand gehabt. Es blieb laut, ach was, es wurde immer lauter.

Deshalb entwickelte ich einen anderen Plan: alle Baumärkte in die Luft zu jagen. Jedenfalls war ich kurz vorm Explodieren.

Um Schlimmeres zu verhindern, suchte ich mir eine Wohnung im Grünen. Das ging auch schief, siehe „Die lieben Nachbarn".

Deshalb versuchten wir es nochmals in einem anderen Stadtteil.

Anfangs war es auch sehr schön. Die Nachbarn grüßten, die Hühner gackerten, die Bauern verteilten ihr Gift hier noch vom Pferdewagen, Vögel zwitscherten und ich konnte ausschlafen.

Die einzige Verbindung in die Stadt war eine schmale Straße die unter der Bahnlinie einspurig wurde, weswegen es regelmäßig zu Staus kam. In dem Stau standen dann ein paar Traktoren, Pferdewagen und wenige Autos. Dann wurde die Straße ausgebaut und nach dem Abzug der amerikanischen Streitkräfte ein neues Wohnviertel aufgebaut. Tolle Sache. Leider hatten diese hellen Köpfe, die Stadtplaner, irrtümlich gedacht, dass hier nur Leute mit Fahrrädern, Fußgänger oder Reiter einziehen werden. Jetzt stehen wir in ewig langen Staus, ob wir wollen oder nicht.

Das sind diese Begegnungen mit Vater Staat, die das Leben so würzig machen. Keiner dieser Volksvertreter will schuld sein, alle weisen die Verantwortung weit von sich. Hey, Leute, ich wäre begeistert von Lösungen, das Spiel mit den Schuldzuweisungen ist doch schon lange out. Fakt ist, dass es sich sehr verändert hat, das Leben in unserem Vorort.

Drei bis vier Feuerwehrautos pro Tag, fünf Krankenwagen und unzählige Polizeieinsätze, natürlich alle mit Blaulicht und Sirene, jagen über „unsere" Kreuzung.

Zwanzig Jahre vorher hatten wir einmal im Monat dieses Problem, wenn die Amis mit ihren Panzerkolonnen kamen. Zum Glück war die Hälfte nicht verkehrstauglich und dadurch blieben die Scheiben heil. Jetzt sind zwar die Fenster besser geschützt, aber der Verkehr ist explodiert und ich reif fürs Irrenhaus.

Von allen Seiten rappelt es. Am Himmel die Flieger, wir sind umringt von verstopften Straßen, der Lärm der nahen Autobahnen und Zuglinien, die vielen Schiffe im nahen Rhein und die Straßenbahnen die uns rund um die Uhr beglücken. Hinzu kommt jetzt noch die Mainzelbahn.

Ach was, die stören mich nicht: Ich liebe Straßenbahnen. Ohne Scheiß. Ich finde es ist das günstigste und beste Transportmittel, um von A nach B zu kommen.

Wenn die Straßenbahn nicht durch mein Wohnzimmer fährt, bin ich unglücklich. Ich finde dieses gleitende, quietschende Geräusch so beruhigend.

Ein Radio zu kaufen, das fand ich schon immer überflüssig, da ich bei geöffnetem Fenster den Autoradios lauschen kann. Was so eine Ampel und ein paar Staus alles bewirken! Wo bekommt man denn so eine Auswahl geboten? Aus den BMWs dröhnt meistens primitiver Hip- Hop in allen Sprachen, aus den Opels der Techno-Sound, die Wolfsburger sind eher rockig und der Stern Deutschlands strahlt in Sachen Volksmusik. Für jeden etwas. Auch schön zu beobachten wer ein Handy hat und damit herumspielt. Jeder!

Wenn ich verreisen muss, habe ich immer eine CD dabei, damit ich keine Entzugserscheinungen bekomme. Da kann man dann wählen: lautes Hupen, Bremsen, Sirenen, Flugzeuge, Klingeln einer Straßenbahn und andere Geräusche aus meinem Alltag habe ich mir aufgenommen.

Ein kleines Gläschen Motorenöl darf auch nicht fehlen, damit ich den Geruch der Straße immer erriechbar habe.

Ich kann die einzelnen Busse an ihren Bremsgeräuschen erkennen und die Linie noch dazu.

Während die allerbeste aller Ehefrauen bei der 6 kerzengerade im Bett steht, kann ich erst dann einschlafen, wenn der Straßenbahnfahrer mit seiner Tram am Haus vorbeibraust und kurz klingelt. Dieses Klingeln ist auch ein Grund, warum ich so auf die Straßenbahn „abfahre".

Ich habe nämlich seit ein paar Jahren einen fetten Tinnitus und kann in der Nacht nicht einschlafen. Deshalb bin ich auf diese Geräusche angewiesen. Die gleichen das Ohrensausen völlig aus.

Als den angenehmsten Ton finde ich die der Flugzeuge und Straßenbahnen.

Da die Straßenbahnen jetzt auch nachts durchfahren, bin ich froh von Schienen umgeben zu sein. Zum Glück sind es nur dreißig Meter Luftlinie bis zur Straßenbahn. So zentral wohnen wir. So werde ich rund um die Uhr in den Schlaf „geschaukelt". Das ganze Bett vibriert. Wirklich, es bewegt sich. Sehr praktisch.

Zufrieden wie ein Baby schlafe ich ein und in Bewegung wache ich wieder auf. Vergessen ist das Ohrensausen.

Neulich wachte ich schweißgebadet auf und wusste nicht warum. Etwas war anders als sonst. Völlige Stille!

War es der Streik der Piloten? Dass der vorbei war, bewies mir ein Blick nach oben. Der Himmel war voller „Kraniche"! Beunruhigt setzte ich meine Suche fort.

Niemand schnarchte? Doch, die Katze. Wusste gar nicht, dass dieses kleine Tier so laut sein kann. Die nahe Autobahn war noch da und den 5:41er Zug nach Alzey hörte ich auch. Der Stau auf den Autobahnen war wie immer lautlos, man sah aber die Abgase in die Luft steigen.

Dann fiel es mir wie Schuppen aus den Ohren. Jetzt wusste ich es:
Die Straßenbahnschienen wurden dieses Wochenende geschliffen. Es fuhr keine Straßenbahn! Das laute Quietschen der Schienen und die Vibrationen in meinem Bett fehlten mir. Prompt war mein Tinnitus wieder da. Stärker als vorher.
Ich liebe sie, diese Vettel der Stadtwerke mit ihren Straßenbahnen. Da sie meine Vorlieben anscheinend kennen, klingeln sie jede Nacht zur Begrüßung mehrmals im Vorbeifahren ganz schön laut. Das wiederum finden meine Nachbarn offenbar nicht so gut und rächen sich an mir. Tagsüber!
Nachts muss ich mir meine Geräuschkulisse selbst basteln. Damit sind natürlich die Nachbarn nicht einverstanden. Der eine hatte mich angezeigt, weil sich angeblich meine Fische im See prügeln oder zu laut furzen. Klar, der Vater Staat zeigt gerne, wer der Herr im Haus ist. Die Gesetze sind so gedacht um die Bevölkerung zu knechten und jede Aufregung zu unterdrücken, damit ja keine Revolution stattfindet. Da kann man manchmal die Bürger auch jenseits des Rechts zur Raison bringen. Den Fischen im See ist das scheißegal. Sie können die Gesetze nicht lesen. Selbst wenn sie Lärm machen, wissen sie nicht, dass es verboten ist.
Auch muss ich jetzt die Teichpumpe von 14 – 9 Uhr abschalten, da das Geräusch die Nachbarn stört. Dass die Klopapierrolle angeblich beim Aufrollen 60 Dezibel überschritten hat, das hat mich auch ein bisschen gewundert. Wie hört man dieses Geräusch bei dem Fluglärm? Ein anderes Mal meinte er Chiara, die Katze würde zu laut schnurren. Der Mann hört die Flöhe husten! Also verschenkten wir die Katze. Jetzt grüßen wir uns schon. Als ich auch noch die Milben in den Matratzen vernichtete, begrüßte er mich mit den Worten:„Herzlich willkommen in unserer Gemeinschaft".
Eine phänomenale Leistung, nach sechzehn Jahren.

Ich war stolz!

Ich konnte nicht nur die Autotypen am Geräusch erkennen, die Straßenbahnen nach ihrer Klingel unterscheiden, sondern jetzt war ich auch in der Lage, sämtliche Baumaschinen an ihrem Motorgeräusch zu erkennen. Mir konnte keiner eine echte Hilti für ein jämmerliches ausländisches Plagiat verkaufen. Wohlgemerkt, mit Tinnitus. Das muss mir erst mal jemand nachmachen.

Ich beobachtete die „Gärtner" aus der Umgebung, wenn sie auf ihrem Inspektionsgang die Grashalme zählten und täglich deren Höhe maßen. Beim Erreichen von fünf Millimetern wurde der getunte Rasenmäher ausgepackt und auf die paar jämmerlichen Halme losgelassen. Die Natur wurde zurechtgeschnitten. Zusätzlich wurde wöchentlich neues Gras gepflanzt.

Ich schaffte mir ein Schaf an und hatte diese Probleme nicht, dafür ein paar Anzeigen mehr. Schafe riechen schlecht, wurde mir vor Gericht erklärt und passen nicht in ein Wohngebiet. Und wenn ich Käse herstellen wolle, bräuchte ich einen Gewerbeschein. Und wenn ich schon mal da sei: „Sie müssen ihre Ahornbäume aus dem Garten abholzen. Die machen zuviel Dreck!"

Auf die Frage, ob ich stattdessen das Recht habe, Cannabis anzupflanzen, wollte der Richter mich verhaften lassen. Wahrscheinlich kannten er und die netten Nachbarn den Spruch nicht: Hast du Haschisch in der Blutbahn, kannst du ficken wie ein Truthahn.

Jetzt bin ich zu Hause und habe meine gewohnte Geräuschkulisse wieder. Die Straßenbahnen klingeln uns aus oder in den Schlaf. Ich liebe sie. Wir sind wieder vereint. Alle sind glücklich! Auch die Nachbarn sind alle freundlich und nett zu uns, seit sie wieder Strom haben und ihre zahlreichen Instrumente wieder benutzen können! Der Bombenleger, der den Transformator in die Luft gejagt hat, wird noch gesucht.

Die Polizei war da!

Ich darf meine zwei neuen, getunten Benzin-Laubbläser und den Häcksler nur noch benützen, wenn ich auch wirklich Laub und Holz im Garten habe. So „trocken" wäre es verboten. Die Beschallung mit der Freejazz Musik wäre auch nicht erlaubt.

Ob das überhaupt Musik wäre? Oder das Triebwerk eines Airbusses?

Der zahlreiche Verkehr stört übrigens niemanden.

Das Auto ist eben heilig in dieser Gegend! Hauptsache laut und es stinkt nach Motorenöl.

Ich habe auch gerne viel Verkehr. Wenn möglich laut, damit ich die Nachbarn ärgere. Vielleicht ziehen sie ja ins Grüne. Dort ist doch eh' inzwischen alles besser und vor allem ruhiger als in diesem Vorort...

www.zum-loewen-mainz.de

Ein Gedicht für Siebenbürger Sachsen

Wer folgende Worte versteht,
der weiß, was jetzt in Siebenbürgen geht.
Die *Zurückgebliebenen & Heruntergekommenen.*
Ich hoffe, es sind die Willkommenen!

Da kommt der Mensch nach Transsilvanien
ganz unverhofft aus dem fernen Germanien.
Er sieht sich um und meint verdutzt,
oha, hier wird neuerdings alles geputzt.

Jetzt leben zwar alle *la mai bine*
doch das System läuft noch nicht, *ca pe şine.*
Die Leute jeden Tag auf der Straße *rezistieren,*
bald fängt das kranke System an sie zu *arrestieren.*

Deshalb wünsch ich allen noch viel *Sănătate*
bleibt in Hermannstadt, es ist wie in einer Kasematte.
Doch vieles steht auch da im Umbruch
bald braucht man wieder ein Parteibuch.

Die rote Pest macht wieder was sie will,
besetzt das ganze Land insgeheim und still.
Hier der Schulz und dort der Liviu Dragnea
ich wünsch mir hin die rote Nales Andrea.
PSD oder SPD, klingt irgendwie gleich,
trotzdem ist es noch kein Vergleich,
ich fürchte beide spielen uns einen Streich.

Sie haben nur das S versetzt,
und dachten sie haben eingenetzt.
Machten Vermögen mit *ciubucuri*
Korrupt und blöd - *Futui in cur.*

Sie schreien: Jetzt sind wir mal dran,
wer gehorcht hat das Wlan an.
Für die anderen wird's kein Wlan geben,
doch ohne das, seid ihr voll daneben.

Deshalb müsst' ich leiten die Revolution,
Schreiben eine neue Resolution.
Sie geben unserem Freund Johannes Klaus,
dem deutschen Präsident: Applaus, Applaus

Ich weiß, euch Roten ist das wohl egal
Hauptsache, ihr habt den Parteischal,
alles Hochstapler, sind diese *Securisten*
früher Kommunisten, jetzt Kapitalisten.
Mich erinnern sie eher an Terroristen,
gehören sicher nicht zur Masse,
sondern zur hohen Mittelklasse.

Ach wie war das schön, wieder „sächsisch" zu hören,
den Hermannstädter Akzent konnt' niemand stören.
Im Gegenteil, es wirkt so erfrischend,
ist es doch zu nichts verpflichtend.

Auf einmal fühlte ich mich jung,
voller Tatendrang und Schwung.
Doch heute kann ich's nicht mehr hören,
zuviel Hass scheint den Empfang zu stören.

Egal wo man im Moment lebt auf der Welt,
es geht nur noch ums liebe Geld.
Ohne, fühlte ich mich früher wie ein Held.
Sorgenlos und voller Tatendrang,
lebten wir in den Tag hinein mit unserer Gang.

Heute schufte ich täglich vierzehn Stunden,
zum Glück hab ich vorher eine Frau gefunden.
Hab ihr noch schnell zwei Kinder gemacht,
sonst hätte ich es sicher nie mehr gebracht.

Denn in unsrer neuen Heimat, der Bundesrepublik,
darfst du nur zahlen, zahlen, – ohne Replik.
Und vergisst du das zufällig nur einmal,
steht der G-Vollzieher da, du hast keine Wahl.

Jetzt kümmern wir uns um unsere Familien,
kaufen Autos, Kleider und Immobilien.
Und wenn Zeit ist, gehen wir sogar demonstrieren
in Rumänien heißt das jetzt: #rezistieren.

Mal sehen, was das alles bringt,
ob das Volk nicht hinterherhinkt.
Ich gebe ihnen recht in ihrem Freiheitsdrang,
denn sie ziehen wieder alle an einem Strang.

Rumänien in der „neuen EU-Welt"
erscheint wie auf den Kopf gestellt.
Ist kaum mehr fassbar, nicht mehr logisch.
Und alles, was früher bei mir biologisch.
Meine Politik die ich im Blute hat',
find ich heute fadenscheinig, öd und matt.

Mit dem verglichen, was der Wolfi sieht,
und was da um ihn herum geschieht,
stößt er doch bloß auf Paradoxe
und fühlt sich daher wie der besagte Ochse.

Das heißt, er kommt sich ständig vor
wie jene Kuh vorm neuen Tor,
die, weil das alte ihr vertraut,
erstaunt das neue sich beschaut
und – Gottes Weg' ist nicht ergründet –
nicht mehr zum Stall, nach Hause, findet
und trostlos, scheu, ja ganz verwirrt,
chaotisch durch die Straßen irrt.
Bloß weil da einer jenes halt
in roter Farbe angemalt.

Doch sind's dem Menschen nicht die Farben,
vielmehr geht's um verheilte Narben.
Geht's hier, um Dinge, die so „sittlich-ländlich",
für ihn einst waren selbstverständlich,
bevor im „Sachsen–Paradies"
sein Ego sich verwöhnen ließ.

Was haben wir früher im Paradies gefeiert,
sind in Schlangenlinien nach Hause geeiert.
Ach, wie war das spannend und auch schön,
manchmal laut, feucht und sogar obszön.

Da tranken wir viele selbstgebrannte Meister
und anschließend sahen wir helle Geister.
Heut' haben nur noch meine Stützstrümpfe Kompression
und ich jeden morgen eine kräftige Depression.

Wird schon irgendwie klappen, da bin ich guter Dinge,
und schärf' schon mal meine stumpfe Klinge.
Denn ich glaube, ich werde sie brauchen,
bis die PSD-isten ihren Geist aushauchen...

Unternehmer-Bingo

Wer sich entschließt, Chef zu sein
der geht ein großes Risiko ein,
er bürdet sich viele Pflichten auf,
nimmt täglichen Stress & Wahnsinn in Kauf.

Ein Hartzler hat heute mehr Geld & Recht,
als einer, der 12 Stunden schafft wie ein Knecht.
Die Gesellschaft straft einen mit Arroganz,
der Staat den Unternehmer mit Ignoranz.

Vollblutunternehmer haben keine Lobby,
die Politiker sehen deren Beruf als Hobby.
Die interessiert nur das eigene Einkommen,
den Kleinunternehmer lassen sie verkommen.

Aus Freude am Beruf selbständig gemacht,
dann vom ganzen Freundeskreis ausgelacht.
Der Verdienst ist meistens unter Mindestlohn,
die hohen Auflagen und Pflichten ein Hohn.

Es gibt kein Lohnausgleich bei Krankheit,
für Altersvorsorge hat man keine Zeit.
Man muss sich versichern, Vorsorge betreiben,
viele Erklärungen und Akten unterschreiben.

Oft reicht das Verdiente nicht zum leben,
lässt einen in Unsicherheiten schweben.
Dabei investiert man pure Lebenskraft,
verliert dabei meist den ganzen Saft.

Mancher bleibt da auf der Strecke,
sieht man in ihm bloß eine Zecke!
Als Versager wird er angesehen,
verliert jedes öffentliche Ansehen.

Niemand erkennt das Geleistete an,
alle wundern sich, dass man scheitern kann.
Viele Jahre und Energie sind verloren,
die Gesellschaft lässt einen schmoren.

Sozialer Absturz von der Karriereleiter
Häme, Besserwisserei sind dann die Begleiter.
Vom großen Macher und Chef sein,
zum Bittsteller wird man schnell ganz klein.

Für die Gesellschaft hat man viel getan,
dann den Überblick verloren, sich vertan?
Man muss handeln wie im Großbetrieb,
muss kontrollieren jeden Schrieb.

Muss gleichzeitig Betriebs- und Steuerfachwirt sein,
wird erdrückt vom Regeldschungel, gar nicht fein.
Die Bürokratisierung bringt einen fast in Knast,
die Beamten sägen ständig an deinem Ast.

Man fühlt sich wie die Melkkuh der Nation,
wird manchmal geschätzt in keiner Relation.
Steuern & Abgaben sofort nach Festlegung zahlen,
bei Verzug wird Konto gesperrt, man wird gemahlen.

„Selber Schuld!" wird man vom Staat angeschrieben:
„Sie wollten Chef sein, haben maßlos übertrieben.
Ach so, die Umsatzsteuer hätten wir gern im Voraus.
Nicht konkurrenzfähig? Dann eben Leichenschmaus..."

Ein Unternehmer, der muss was aushalten können,
darf sich aber sonst auch gar nichts gönnen.
In der Freizeit füllt man Schriftsätze aus,
sonst kommt einem das Amt ins Haus.

Diese Doppelmoral haben die schon länger,
es schert sie einen Dreck, sie schicken ihre Fänger.
Dass man Arbeitsplätze schafft keinen schert,
was man bisher getan, ist nichts mehr wert.

Aus bald 40 Jahren Erfahrung muss ich sagen,
Existenzangst macht kaputt, ich würd's nicht wieder wagen.
Ohne Sicherheit das eigene Leben gestalten,
kein Tag krank sein, immer die Form gehalten.

Die Angst verfolgt einen bis in den Traum,
für einen Fehler bleibt da gar kein Raum.
Chef sein hat viele Nachteile
und nährt meistens Vorurteile.

Viele spielen einem was vor
und schießen sich damit ein Eigentor.
Denn ein Leben auf Kosten anderer,
bringt oft, wie jetzt, viele Wanderer.

Die wollen auch ein reicher Fettsack sein,
auch wenn dessen Leben ist nur Schein.
Man erkennt meistens erst, wenn's zu spät
was in Wahrheit als Chef so abgeht.

Natürlich gibt es auch gute Seiten,
darüber möchte ich nicht streiten.
Wie in jedem Job, geht es rauf und runter,
da bleibt man garantiert sehr munter.

Man ist immer unter Leuten,
lernt jede kleine Geste deuten.
Wird zum Menschenkenner,
erkennt den Reichen und den Penner.

Die vielen Geschichten, ungelogen,
machen einen zum Psychologen.

Die vielen Gäste halten einen jung,
geben einem auch im Alter Schwung.

Doch die meisten erreichen die Rente nicht mehr,
Rauch, Alkohol und Stress wiegen schwer.
Die meisten sterben glücklich und zufrieden,
haben sie so das Pflegeheim vermieden.

Denn das Ende kommt plötzlich wie der Blitz,
es haut dich einfach aus dem Sitz.
So trifft man im Himmel viele Kollegen,
die sich etwas mühsam fortbewegen.

Oder ist es die Hölle, das weiß ich nicht,
Manch einer beschwert sich übers Licht.
Da wird viel diskutiert, man hat ja Zeit,
hier bringen es viele noch ganz weit.

Die meisten würden alles wieder so machen,
Wirt werden, viel arbeiten und viel lachen,
das ganze Leben Party machen,
bis zum Ende lässt man's richtig krachen.

Ich wusste ungefähr, was mich erwartet,
dachte nicht, dass es so krass entartet.
Was du nicht selbst machst, wird nicht gut,
beim heutigen Personal verlierst du den Mut.

Diese Zustände machen die Branche hart,
macht die Rechnung mit dem Wirt, gebt 'ne Wild Card.
Denn er ist 'ne aussterbende Rasse,
ein guter Wirt sticht aus der Masse.

Immer lachen, gut drauf sein beim Schaffen,
vor allen Leuten machen den Affen.
Die Gäste mögen keinen Schwachen,
sie haben frei und wollen nur lachen.

Ich verstehe jeden Wirt, der jammert,
weil er sich an sein Leben klammert.
Obwohl es der stressigste Job ist ever,
gibt kaum einer freiwillig auf: Never!

Schließlich hat er vorher nachgedacht,
was auf ihn zukommt, Nacht für Nacht.
Jetzt muss er die Konsequenzen ziehen,
oder auf eine einsame Insel fliehen.

Da kommt er dann drauf: Zuviel Freizeit
und Urlaub - sind verschwendete Lebenszeit.
Denn was kann man dafür? Ich sag's hier:
Geworden ist man ein Arbeitstier!

Fit in die Verwesung

Noch bin ich gesund und munter,
doch was ich so lese holt mich runter.
Ich hasse Mauscheleien der Pharmaindustrie,
deshalb sage ich: Hoch lebe die Anarchie!

Ein Kranker traut nur widerwillig
einem Arzt, der einen heilt zu billig.
Heilen muss schmerzhaft sein und viel kosten,
ganze Familien stürzen sich in Unkosten.

Methadon ist billig, kann Krebs-Patienten retten,
es bringt Zellen um, sie verschwinden: Wetten?
Metastasen und Tumore kann es heilen,
das Rezept sollte man weltweit teilen.

Das Aufklärungsvideo* ist spurlos verschwunden,
aus dem Netz gelöscht in wenigen Stunden.
Sogar Facebook ist flexibel auf Druck,
wenn die Lobby ihnen gibt einen Ruck.

Was wäre los in diesem schönen deutschen Land,
wenn alle wüssten, was wirklich los ist – eine Schand'.
Jeder Arzt freut sich und sagt: „Willkommen!
Erst werden Sie fast geheilt dann ausgenommen!"

Denn die Pharmaindustrie will viel verdienen,
will nur die eigenen Aktionäre bedienen.
Deshalb verknappt sie die wichtigen Medikamente,
der Staat ist zufrieden, spart an der Rente.

Es gibt zu viele Pillenpanscher in der Branche,
sind für alles gut, nur nicht für Kranke.
Produziert wird überall auf der Welt
ohne Kontrolle, für viel Geld.

Daher sind die Margen sehr, sehr hoch,
produziert in Garagen, in einem Loch.
Wo ist der gute alte Mediziner,
der gute Freund und treue Diener?

Der noch weiß, was er verschreibt,
und nicht wie heut' Voodoo betreibt.
Der noch die wahren Stoffe kennt
und nicht sofort zum Googeln rennt.

Der Tod hatte es noch nie so leicht,
die Rezepturen sind durchweicht.
Früher bremste ihn das Penicillin,
heute fährt der Mensch rascher dahin.

Denn es ist eine stille Epidemie,
die umgeht in der Pharmazie.
Die Medikamente sollten uns heilen,
damit wir länger im Leben verweilen.

Doch da sind so viele falsche Stoffe drin,
es sind unbekannte Viren, voll bis zum Kinn.
Die heilen nicht, im Gegenteil sie töten,
jährlich eine Million Menschen und nicht Kröten.

Medikamentenfälschung schadet den Leuten,
für diese Industrie sie nur Zahlen bedeuten.
Da geht es nur um Gewinnspannen,
kalkuliert sind immer menschliche Pannen.

Die Mittel sind so teuer, da sagt Nein die Kasse,
nehmt' Billigzeug aus China, das ist für die Masse.
Den teuren Stoff zahlen wir euch nicht,
es überlebt nur der aus der Oberschicht.

Der für ein Krebsmittel ein Vermögen bezahlt,
der wird mit Sicherheit und auch Glück steinalt.

Das System ist „out of control",
die Pharmakas tanzen dazu Rock & Roll.

Heftige Nebenwirkungen sind völlig egal,
Hauptsache ein Pokal steht im Regal.
Die Konkurrenz wird vom Markt geschossen,
die Millionen sicher im Tresor verschlossen.

Denn Patienten, die leiden, sind ein Druckmittel,
Verknappung ist ein höheres Geldmittel,
Medikamente sind eine wahre Gelddruckmaschine,
jedes neue Mittel entfacht eine wahre Lawine.

Nur die Mafia verdient mehr Geld,
Preise werden erpresst im weiten Feld,
liefern sie nicht, dann gibt's einen Engpass,
die Patienten gehen ein, das macht keinen Spaß!

Meistens ist die Dosierung völlig verwässert,
dann ist die Gesundheit nicht verbessert.
Globaler Fortschritt ist nicht in Sicht,
aber egal, denn Geld, das stinkt ja nicht!

Dabei gibt es für jedes einfache Leiden,
das kann jeder für sich selbst entscheiden,
ganz einfache Heilmittel die Furore machen,
Zwiebeln, Knoblauch und andere Sachen.

Das wird von den Konzernen nicht zugegeben,
sonst gäb's am Aktienmarkt ein Beben!
Meine Oma, die war so eine grüne Tante,
hat's gelernt von ihrer Gouvernante.

Früher wurden die Leute auch sehr alt,
die meisten Tabletten ließen sie kalt.
Aber die Hausmittel, die waren sehr gut,
alles ging direkt in Hirn und Blut!

Heut werden die Leichen beerdigt im Grab,
verseucht, als Sondermüll mit einem Stab.
Denn die Maden verweigern ihre Mitarbeit,
die Chemikalien munden nicht. Prost Mahlzeit!

http://www.daserste.de/information/wirtschaft-boerse/plusminus/sendung/
methadon-krebstherapie-forschung-100.html

Ein gereimter Lebenslauf

Politiker zu sein ist schwer,
ein guter Wirt jedoch viel mehr.
Denn es ist Anstrengung pur,
einer schafft, der andere redet nur.
Der Selbstständige zahlen tut.
Der Politiker der findet's gut!

Im Quartier, da stand ich das erste Mal,
da hatte ich keine andere Wahl.
Eingesperrt hinter dem Tresen,
tat ich lang, als wäre nichts gewesen.
Versprühte Lebensfreude pur,
Abend für Abend eine gute Figur.
Das fiel mir manches Mal sehr schwer,
doch die Gläser wurden niemals leer.
Für Getränke und lustige Geschichten
kamen die Gäste und ließen sich berichten,
was in meinem Leben so alles geschah,
Themen von überall, ob fern oder nah.

Im Caveau da wurde ich langsam alt;
die Haare grau, so ist das halt.
Livemusik & Jump wurden bekannt,
jahrelang sind alle zu mir gerannt.
Das beeindruckende Ambiente
schenkte vielen schöne Momente.
Da gab es auch für mich keine Sorgen,
deshalb fühlte ich mich stets geborgen.
Doch die Aggressionen nahmen zu
ich suchte was Neues mit mehr Ruh'.

Da wurde Wolfi, ihr habt's schon gehört,
von seinem Vermieter, dem Jörg betört.
Seit sieben Jahren arbeitet er nun

im Löwen, stets emsig ohne zu ruhn.
Sieben Jahre quält er Koch & Personal,
das Leben ist manchmal nur eine Qual.
Es gibt viel Post von einem Amt,
das viel in seinen Akten kramt.
Mit der Zeit wird's auch nicht besser,
diese Beamten, zäh wie Mitesser.

So manche Bedienung, die ich einst traf
raubte mir den wertvollen Schlaf.
Können kaum rechnen, meiden den Stress,
völlig fremd ist ihnen der Hermann Hess'.
Doch es gibt Licht am Horizont,
einer hat's dann doch gekonnt.
Hübsch, schnell, rank und schlank
kam der Noah, Gott sei Dank!
Charmant, im Umgang immer nett,
geht nie mit einem Gast ins Bett.
Ist nie krank und er hilft immer!
Von schlechter Laune keinen Schimmer.

Johanna Becker aus Gonsenheim
feierte immer beim Wolfi Klein.
An ihrem 16ten ließ sie es krachen,
beim 18ten im Löwen Party machen.
Hübsch, charmant und gertenschlank,
doch leider viel zu oft auch krank.
Denn Handball ist ein harter Sport:
Wie sagt man noch mal? Sport ist Mord.

Wie wein' ich meinen Mädels nach,
was machten die früher für'n Krach.
Jenny, Tania, Roxy und Hannah
rockten den Löwen mit Schnaps und Havanna.
Das alles lernen jetzt die Neuen,
ich hoffe die schaffen's, würd' mich freuen.
Denn heulen könnt ich jeden Tag,

an dem ich mich ganz mutlos plag'.
Oft schrei ich im stillen Kämmerlein
meine Wut ins weiche Kissen rein.
Denn meine Nerven, die sind strapaziert
zu viele Leute sind darauf spaziert.
Hundertmal alles gezeigt mit Geduld
habe ich viel Personal geschult.
Die meisten haben es geschafft,
und sind jetzt fest in Job und Saft.
Doch ich bleibe auf der Strecke
freue mich, wenn ich was checke.

Einst da kam ein Mann aus Hawaii,
der Job in der Küche war damals frei.
Stand eines Tages vor der Tür,
mit langem Zopf machte er die Kür.
Ich dachte erst, das ist Pete Lancaster
doch singen kann er nicht, was'n Desaster.
Dafür kann er kochen richtig fein,
nur die Portionen sind nicht ganz klein.
Sammy hat halt ein anderes Maß,
das steht auch schon in seinem Pass.
Gibt es am Abend richtig Stress,
schnauft er wie Nessi von Loch Ness.
Manchmal brüllt er auch wie ein Wolf,
funktioniert jedoch wie ein alter Golf.
Kaum ist dann der Stress vorbei,
trinkt er eine Schorle oder zwei!

Strammer Max und Käsespätzle
sind seine allerliebsten Schätzle.
Die Gäste treffen ihre Wahl
das freut das Küchenpersonal.
Stammgäste gehen ein & aus,
nur am Tresen, da sitzt immer Klaus!

Epilog: Der echte Speerwerfer

Bei diesem Gedicht handelt es sich um eine sportwissenschaftlich-revidierte Fassung von meinem Gedicht auf Seite 55. Ich gab das Gedicht einem anderen Speerwerfer, nämlich dem guten Freund von Hans Mink, Rüdiger Saul zu lesen. Folgendes kam dabei heraus. Was mich besonders beeindruckt, ist die Mühe die er sich gemacht hat. Aber lesen Sie selbst:

ES LEBT EINST IN DER FRÜHSCHOPPENZEIT ①
EIN KLEINER MENSCH AM LEICHHOF UNWEIT —
INS 'QUARTIER' LAUT SINGEND OFT STOLPERTE ER.
TRUG AN SEINEM SPORTGERÄT SEHR SCHWER !

DENN DIESER ATHLET BESASS EINEN SPEER
UND – OHNE ZWEIFEL – : ER LIEBTE IHN SEHR ;
ER GAB IHN NIEMALS AUS DER HAND ...
PACKTE IHN AUS, STELLT' IHN AN DIE WAND — —

bis ER AN DIE REIHE KAM ...
SOFF GERNER EINEN SCHWIPS SICH AN ;
DABEI PARLIEREND MIT FRANZOSEN — —
PUCCINI AUCH SCHMETTERND MIT KÖSTLICHEN POSEN

MANCHMAL AUCH TIRILIERTE ER :
" WENN ICH EIN VÖGLEIN WÄR ! "
DENN DAS FLIEGEN HATT' ES IHM ANGETAN —
KEIN GEGENWIND WARF IHN JE AUS DER BAHN.

DIESES ECHTE MEENZER ORIGINAL ②
KÄMPFTE ALLABENDLICH SICH INS FINAL':
HANS MINK, DER IMAGINÄRE SPEERWELTMEISTER
BRAUCHTE KEIN ANABOL, NUR... "JÄGERMEISTER"!

UNSER VERITABLER "PROFESSOR DER GESTIKOLOGIE"
— REIN ANATOMISCH: SCHWACH IN DE KNIEE —
WURDE BEJUBELT VON FRÜHSCHOPPENGÄSTEN,
GENAUS WIE VOM VOLK BEI MEENZER FESTEN.

MITTEN IM SOLO EINER BAND...
DIESER "WORSCHTATHLET" DURCH DIE MENGE RENNT,
ZIEHT SEINEN ROCK AUS, NIMMT KURZ ANLAUF
UND SETZT — "OH SCHÖÖN" - GLEICH EINEN DRAUF!

DANN SIEHT ER DEM SPEER NACH — VOLLENDETE KOMIK —
IN UNVERWECHSELBARER PHYSIOGNOMIK!!
DREHT SICH UM: "O PARDON, NUR 102 METER 80 WEIT
ICH GLAAB ISCH BIN NED RESCHT GESCHEIT"...
DIE BAND SPIELTE WEITER...
DIE STIMMUNG — VOLL HEITER —
HANS KIPPTE NOCH EINIGE SCHORLE ZUM TROST
UND BALD GINGS — IM "REBSTOCK" VON VORNE LOS!

"NÄCHSTEN SONNTAG SCHMEISS ICH WIEDER...
UND MACH' DEN WOLFERMANN DANN NIEDER,
MIT MEHR ANLAUF SCHAFF' ICH DESS...
FALLS ICH MEIN SPEER DEHÄÄM NIT VERGESS!"

230

DANN ZOG DAS ALTSTADT-UNIKUM VON DANNEN,
UM BEI SCHWESTER CISSI AUSZUSPANNEN.
NACH SOVIEL SPORT, DA WAR ER MÜDE
– UND ÜBERDIES AUCH GAR NICHT PRÜDE... –
DENN SEINE POWER HOLT'SICH DER "JEAN"..
IN EINEM GEWISSEN..."ETABLISSEMENT"!!

IRGENDWANN WURDE DEM MAINZELMÄNNCHEN GEKÜNDIGT,
WEIL ER FÜR 'NEN KASSENPRÜFER ZU VIEL GESÜNDIGT ––
NICHT TOLERIERBAR VON ARBEITSAMT, SPRICH ARBEITGEBER
GANZ ZU SCHWEIGEN ... VON SEINER LEBER!

Zu dem Foto (Bernstein/Mink) schrieb 1981 der berühmte
Evolutionsanthropologe Dr. GUNDOLF MUCKENSCHNABEL:
„Das Mainzer Original HANS MINK ist -aus darwinistisch-
kabarettistischer Sicht zweifellos das 'MISSING LINK
zwischen LEONARD BERNSTEIN und dem PROTOTYP eines
MAINZELMÄNNCHENS!!"

DOCH ZOG ER NOCH VORS ARBEITSGERICHT... ⑤
SEIN GESICHT VERLIEREN WOLLTE ER NICHT !
OB ER WISSE, DASS IHM DER RAUS-WURF WINKE
WENN ER EXZESSIV SO WEITERTRINKE ...

FRAGTE DER RICHTER UNSEREN HELDEN,
DOCH DER MEINTE, DASS FÜR IHN ....
ANDERE MASSSTÄBE GÄLTEN :
"EIN ALKOHOLIKER, RÄSONIERTE DER,
DER MÜSSE TRINKEN, DOCH NICHT ER,
ER WOLLE FREIWILLIG DIES FÜR SEINE FOR'
SCHLIESSLICH SEI SEINE FANGEMEINDE
GANZ ENORM !

ZWAR WURD'ER VOM RICHTER FREIGESPROCHEN
UND DENNOCH ENTLASSEN NACH EINIGEN WOCHEN .
UND SO KONNTE HANS MINK
– AUF MANCH' WEITEREN DRINK –
VON DER LEINE GELASSEN, NUN VÖLLIG FREI...
"TSCHAA", AUFTRUMPFEN GEWALTIG ..
MIT SEINEM URSCHREI !!

Rüdiger Saul

Wer sich noch ohne alkoholbedingt schwer beeinträchtigte Gehirnzellen an die letzten drei Jahrzehnte des 20sten Jahrhunderts in der Mainzer Altstadt erinnern kann, wird sicherlich auch noch Erinnerungen an Rüdiger Saul haben. Zuletzt war es um den Chefphilosophen des Botanischen Gartens der Johannes Gutenberg-Universität etwas ruhiger geworden, was sicherlich auch mit seinem durchgestandenen Mitralklappenprolaps zu tun gehabt haben dürfte – doch davor war er eine feste Größe in der Mainzer Kultur- und Kneipenszene: Saul war in seiner Jugend einer der führenden Speerwerfer Deutschlands gewesen und mauserte sich nach seinem Karriereende zu einem vielgefragten Leichtathletik-Kommentator. Seine literarisch-philosophisch-musikalische Breitband-bildung und sein meisterhaft eingesetzter absurd-ironischer Humor machten ihn darüber hinaus zu einem durchaus gefragten Kabarettisten. Außerdem war Saul ein großer Veranstalter von improvisierten Happenings und Events: Als intimer Kenner einer jeden Form von klassischer Musik – sein Archiv umfasst nach neuesten Zählungen ca. 5000 CDs mit Aufnahmen von Aagaard bis Zucchinetti – beschenkte er beispielsweise an Samstagen überraschte Besucher des Mainzer Wochenmarktes mit Tonträgern. Auch griff er nächtens in einschlägigen Kuluretablissements wie dem Quartier Mayence in die Tasten, um große Wagner-Partituren aus dem Gedächtnis zu spielen und dabei – was er nur unter Zuhilfenahme von mindestens fünf Bourbon-Cola vermochte – in fließendem Norwegisch zu singen. Unvergessen sind auch seine Stand-up-Nummern vor der Alten Mensa der Universität, auf dem Domplatz oder in verschiedenen Weinhäusern und Kneipen: Saul, den seine Freunde liebevoll Rüdi nennen, konnte wie Fidel Castro stundenlang und mühelos auf höchstem intellektuellen Niveau räsonnieren und dabei blendend unterhalten – ob eine kleine Menge Mainzer Ureinwohner an einem Kneipentresen, Marktbeschickerinnen oder ganze Hundertschaften feiernder Studierender. Wer dieses Mainzer Unikat einmal höchstselbst kennenlernen möchte, dem sei ein Besuch im Botanischen Garten auf dem Campus empfohlen, wo Saul zu nahezu jeder Jahreszeit herumkreucht, künstlerisch hochwertige Pflanzenportraits mit seinem Fotoapparat fabriziert und wandernde Steine davon abhält, Besucher anzufallen.

Nick Jackob

Fotos: Rüdiger Saul. Klaus Wolfermann in Aktion

Inhalt

Bestellungen: www.whk-verlag.de

P.S. Bitte die Qualität einiger Fotos zu entschuldigen. Die sind genauso alt und verbraucht wie der Autor dieses Buches und haben genauso viel durchgemacht. Wer suchet der findet im Netz alle Bücher auch als eBooks, www.amazon.de, Wolfgangs Kindle Edition